Zoll- und Exportkontrolle wirksam steuern

Lars Sandro Gempp • Mladen Lisica

Zoll- und Exportkontrolle wirksam steuern

Kennzahlen, Compliance und Auditfähigkeit in der Praxis

Springer Gabler

Lars Sandro Gempp
Steinen, Deutschland

Mladen Lisica
Stuttgart, Deutschland

ISBN 978-3-658-52566-8 ISBN 978-3-658-52567-5 (eBook)
https://doi.org/10.1007/978-3-658-52567-5

Die Deutsche Nationalbibliothek verzeichnet diese Publikation in der Deutschen Nationalbibliografie; detaillierte bibliografische Daten sind im Internet über https://portal.dnb.de abrufbar.

Planung/Lektorat: Susanne Kramer
Springer Gabler ist ein Imprint der eingetragenen Gesellschaft Springer Fachmedien Wiesbaden GmbH und ist ein Teil von Springer Nature.
Die Anschrift der Gesellschaft ist: Abraham-Lincoln-Str. 46, 65189 Wiesbaden, Germany

Vorwort

Zoll- und Exportkontrolle sind heute weit mehr als „Supportfunktionen“. In vielen Unternehmen entscheiden sie mit darüber, wie schnell Waren grenzüberschreitend verfügbar sind, wie hoch Risiken aus Sanktionen oder Genehmigungspflichten ausfallen und wie auditfest die Organisation insgesamt aufgestellt ist. Handelskonflikte, verschärfte Sanktionsregime, geopolitische Spannungen und die Digitalisierung erhöhen dabei den Druck, Entscheidungen nachvollziehbar und datenbasiert zu treffen.

Genau hier setzen Kennzahlen an. In diesem Buch werden Kennzahlen als drei Dinge verstanden:

- Steuerungsinstrumente: Sie zeigen, ob Prozesse stabil laufen und wo Engpässe entstehen.
- Kommunikationsmittel: Sie übersetzen Facharbeit in eine Sprache, die Management-Entscheidungen ermöglicht.
- Nachweisinstrumente: Sie unterstützen die Dokumentation gegenüber Prüfern und Behörden.

In der Praxis fehlt jedoch häufig ein systematischer Ansatz, um die Leistungsfähigkeit zoll- und exportrelevanter Prozesse messbar zu machen. Während Produktion, Einkauf oder Vertrieb meist mit etablierten Controlling-Logiken arbeiten, wird in Zoll und Exportkontrolle oft noch „situativ“ gesteuert – ohne klare KPI-Struktur, ohne feste Review-Routinen und ohne einheitliche Datenbasis. Das hat Folgen: Die Funktion wird schwieriger strategisch einzubinden, Effizienzpotenziale bleiben verborgen und Compliance-Risiken werden zu spät sichtbar.

Dieses Buch verfolgt daher ein klares Ziel: einen praxisorientierten Weg aufzuzeigen, wie ein wirksames Kennzahlenmanagement für Zoll- und Exportkontrolle aufgebaut und implementiert werden kann – unabhängig von Branche oder Unternehmensgröße. Im Mittelpunkt steht nicht Theorie, sondern ein umsetzbarer Handlungsrahmen, der sich in der Industrie über viele Jahre bewährt hat: ein KPI-System, das zugleich Steuerung, Auditnachweis und Management-Reporting ermöglicht.

Sie erhalten einen vollständigen Rahmen:

1. Ziele ableiten: Wie werden Unternehmensziele in zoll- und exportkontrollrelevante Ziele übersetzt?
2. KPIs auswählen und definieren: Welche Kennzahlen sind für welche Prozessbereiche sinnvoll – und wie werden sie eindeutig beschrieben?
3. Datenhaushalt & Technik: Welche Datenquellen werden benötigt (z. B. ERP/GTS, Zollanmeldedaten, Screening-Logs) und wie wird die Qualität gesichert?
4. Reporting & Review-Zyklen: Wie werden Kennzahlen berichtet, interpretiert, eskaliert und in Verbesserungen übersetzt?
5. Kontinuierliche Verbesserung: Wie entsteht ein System, das nicht nur misst, sondern dauerhaft besser macht?

Ein besonderes Augenmerk liegt auf der Verbindung zwischen rechtlichen Anforderungen (z. B. Unionszollkodex (UZK), EU-Dual-Use-Verordnung, BAFA-ICP-Leitlinien) und Managementmethoden wie der Balanced Scorecard (BSC). Die Balanced Scorecard ist dabei ein Strukturierungsansatz, um Ziele und Kennzahlen aus unterschiedlichen Perspektiven (z. B. Compliance, Effizienz, Qualität, Lernen) zu bündeln.

Damit Sie schnell zur Umsetzung kommen, enthält das Buch zusätzlich:

- Praxisnahe Fallstudien (z. B. Importabwicklung, Präferenznachweise, Export-Screening, Genehmigungsmanagement)
- Visualisierungsvorschläge für Dashboards und Management-Scorecards
- Checklisten und Vorlagen, die direkt in der Organisation eingesetzt werden können

Kennzahlen machen die Qualität der Arbeit in Zoll- und Exportkontrolle sichtbar. Sie schaffen Vertrauen – intern wie extern – und helfen, Risiken zu reduzieren, Ressourcen gezielt einzusetzen und die Funktion als Business Enabler zu positionieren: als Einheit, die Markt- und Lieferfähigkeit absichert, statt nur „Vorgänge abzuarbeiten".

Dieses Buch soll Sie dabei unterstützen, diese Potenziale strukturiert und auditfest zu erschließen. Es vereint dabei zwei Perspektiven: Die strukturierte, kennzahlenbasierte Steuerung von Zoll- und Exportkontrollprozessen – und eine entscheidungsorientierte Sicht auf Daten, die deren Wirkung im operativen Alltag in den Mittelpunkt stellt. Während Lars Sandro Gempp den Fokus auf Messbarkeit, Compliance und Steuerungsfähigkeit legt und damit die Grundlage für Transparenz und Kontrolle schafft, ergänzt Mladen Lisica diese Perspektive um einen wesentlichen Schritt: die konsequente Ausrichtung auf Entscheidungen und deren Wirkung. Ziel ist es nicht nur, Prozesse messbar zu machen, sondern Daten so zu nutzen, dass sie aktiv zur Steuerung beitragen – im täglichen Handeln wie in strategischen Fragestellungen – und so verständlich aufzubereiten, dass sie tatsächlich genutzt werden.

Lars Sandro Gempp
Mladen Lisica

Competing Interests Die Autor*innen haben keine relevanten Interessenskonflikte im Zusammenhang mit dieser Publikation.

Inhaltsverzeichnis

Über die Autoren

Lars Sandro Gempp zählt zu den Experten für Zoll- und Exportkontrollmanagement im deutschsprachigen Raum. Seine Laufbahn begann bewusst praxisnah: mit einer Ausbildung zum Kaufmann für Spedition und Logistikdienstleistung und der anschließenden Weiterbildung zum Verkehrsfachwirt (IHK). Diese operative Basis verbindet er heute mit strategischer Führungserfahrung, regulatorischem Fachwissen und einem klaren Gestaltungsanspruch.

In über 15 Jahren Berufserfahrung – von der operativen Logistik bis zum internationalen Konzernumfeld – hat er Projekte zur Modernisierung, Digitalisierung und Steuerung zoll- und exportkontrollrelevanter Prozesse umgesetzt.

Sein Profil vereint operative Tiefe mit strategischer Weitsicht. Dazu zählen unter anderem:

Einführung digitaler Lösungen zur Unterstützung von Klassifizierung und Risikoanalyse,

Aufbau und Weiterentwicklung interner Compliance-Programme (ICP) in der Exportkontrolle,

Ausbau und Professionalisierung von Zoll- und Exportkontrollstrukturen in einem multinationalen Unternehmen.

In- und Outsourcing unterschiedlicher Zollaktivitäten.

Im Mittelpunkt steht dabei ein konsequenter Grundsatz: Effizienz und Rechtssicherheit müssen messbar und sichtbar werden – für die operative Steuerung, für Management-Entscheidungen und für die Nachweisführung in Prüfungen.

Sein Leitsatz bringt diese Haltung auf den Punkt:

„Zoll- und Exportkontrolle ohne Kennzahlen ist wie Navigation ohne Kompass – wer nicht misst, kann nicht steuern, und wer nicht steuert, riskiert Compliance und Wettbewerbsfähigkeit.“

Als zertifizierte Fachkraft für Exportkontrolle (HZA), Incoterms®-Trainer (ICC), Seminarleiter und Speaker setzt sich Lars Sandro Gempp für eine moderne, umsetzungsorientierte Sicht auf Zoll und Außenwirtschaft ein: praxisnah, steuerbar und technologieoffen.

Er ist Vorsitzender des Europäischen Forums für Außenwirtschaft (EFA e. V.) und engagiert sich in verschiedenen fachlichen Netzwerken und Gremien, unter Anderem gründete er den AI Think Tank Export Controls.

Seine Überzeugung: Zoll- und Exportkontrolle ist nicht nur Pflicht, sondern ein strategisches Instrument, um Wettbewerbsfähigkeit zu sichern, Risiken zu reduzieren und internationale Handlungsfähigkeit zu erhalten.

Seine Handschrift: klar, verbindlich, lösungsorientiert.Seine Mission: *Zoll und Exportkontrolle neu denken – und mit Kennzahlen gestalten.*

Mladen Lisica ist Unit Lead Analytics & AI/ML bei AEB SE und blickt auf über zwei Jahrzehnte Erfahrung im Zoll- und Außenhandel sowie in der Entwicklung internationaler IT-Lösungen zurück. In zahlreichen Rollen – von der technischen Umsetzung über internationales Projektmanagement bis hin zur strategischen Verantwortung für datengetriebene Produkte – hat er globale Handelsprozesse aus unterschiedlichen Perspektiven gestaltet.

Geprägt wurde sein Ansatz nicht durch Technologie allein, sondern durch die praktische Erfahrung aus globalen Projekten: die Komplexität internationaler Warenströme, die Dynamik regulatorischer Veränderungen und den Anspruch, Systeme nicht nur technisch umzusetzen, sondern echten Mehrwert im operativen und strategischen Alltag zu schaffen.

Diese Perspektive prägt seine Denkschule: Decision-Driven Analytics – der Ansatz, Daten konsequent auf ihre Wirkung in Entscheidungen auszurichten.

Sein Fokus liegt daher nicht auf Reporting oder dem Aufbau von Datenplattformen als Selbstzweck, sondern auf der Frage, wie Daten entlang realer Prozesse wirken können. Für ihn bedeutet datengetriebenes Arbeiten, operative und strategische Entscheidungen gezielt zu verbessern – durch besseren Kontext, klarere Fragestellungen und integrierte Steuerungsmechanismen.

Besonders im Außenhandel sieht er einen bislang unterschätzten Hebel: Was oft als reine Compliance-Funktion verstanden wird, entwickelt sich zunehmend zu einem zentralen Bestandteil resilienter und effizienter globaler Wertschöpfung. Die Kombination aus Daten, Prozessen und Entscheidungssystemen eröffnet hier neue Möglichkeiten – weit über klassische Reporting-Ansätze hinaus.

Dieses Buch ist aus der Überzeugung entstanden, dass Unternehmen keine weiteren Tools benötigen, sondern Orientierung. Einen praxisnahen Leitfaden, der zeigt, wie datengetriebene Steuerung wirklich funktioniert – vom ersten Anwendungsfall bis zur skalierbaren Entscheidungslogik.

Seine Handschrift: vernetzt, wirkungsorientiert, entscheidungsfokussiert.

Seine Mission: *Daten aus der IT-Ecke holen – und in den Kern unternehmerischer Entscheidungen bringen.*

Abkürzungsverzeichnis

ABl.	Amtsblatt der Europäischen Union
Abs.	Absatz
AEB	AEB SE; Anbietername für Softwarelösungen im Außenhandel und Global Trade Management
AEO	Authorised Economic Operator; zugelassener Wirtschaftsbeteiligter
AI	Artificial Intelligence; englische Bezeichnung für Künstliche Intelligenz
AI/ML	Artificial Intelligence/Machine Learning
AL	Ausfuhrliste
Art.	Artikel
ATLAS	Automatisiertes Tarif- und Lokales Zoll-Abwicklungs-System der deutschen Zollverwaltung
Aufl.	Auflage
AWG	Außenwirtschaftsgesetz
AWV	Außenwirtschaftsverordnung
BAFA	Bundesamt für Wirtschaft und Ausfuhrkontrolle
BAFA-ICP	BAFA-Anforderungen an firmeninterne Exportkontrolle bzw. Internal Compliance Programme
BGBl.	Bundesgesetzblatt
BI	Business Intelligence
BME	Bundesverband Materialwirtschaft, Einkauf und Logistik e. V.
BSC	Balanced Scorecard
CFO	Chief Financial Officer
CMS	Compliance-Management-System
DDOM	Data-Driven Operating Model
DIHK	Deutsche Industrie- und Handelskammer
DMS	Dokumentenmanagementsystem
DSGVO	Datenschutz-Grundverordnung; Verordnung (EU) 2016/679
ECCN	Export Control Classification Number
EFA	Europäisches Forum für Außenwirtschaft e. V.

ELAN-K2	Elektronisches Antragsportal des BAFA für Ausfuhrgenehmigungen und exportkontrollrechtliche Vorgänge
ERP	Enterprise Resource Planning
ESG	Environmental, Social and Governance
EU	Europäische Union
EU AI Act	Verordnung (EU) 2024/1689 über künstliche Intelligenz
EU-ICP	EU-Leitlinien bzw. EU-Anforderungen an Internal Compliance Programmes
EU-VO	EU-Verordnung
EVE	Endverbleibserklärung
EUV	Endverbleibserklärung; im Manuskript teils als Kurzform für Endverbleibsvorgänge verwendet
EWG	Europäische Wirtschaftsgemeinschaft
FTE	Full-time equivalent; Vollzeitäquivalent
GTS	Global Trade Services; im Manuskript vor allem im Kontext von SAP GTS verwendet
HR	Human Resources; Personalbereich
HS	Harmonisiertes System zur Bezeichnung und Codierung der Waren
HZA	Hauptzollamt; im Autorenprofil außerdem Bestandteil einer Zertifizierungsbezeichnung
ICC	International Chamber of Commerce
ICP	Internal Compliance Programme; firmeninternes Compliance-Programm für Exportkontrolle
ICS	Internal Control System; internes Kontrollsystem
IHK	Industrie- und Handelskammer
IKS	Internes Kontrollsystem
ISO	International Organization for Standardization
IT	Informationstechnologie
KI	Künstliche Intelligenz
KN	Kombinierte Nomenklatur
KPI	Key Performance Indicator; Leistungskennzahl
KVP	Kontinuierlicher Verbesserungsprozess
LLM	Large Language Model
LMS	Learning Management System
MIC	Softwareanbieter im Bereich Zoll- und Global-Trade-Lösungen
ML	Machine Learning
MVP	Minimum Viable Product
NLP	Natural Language Processing; Verarbeitung natürlicher Sprache
Nr.	Nummer
OCR	Optical Character Recognition; optische Zeichenerkennung
RAG	Red-Amber-Green; Ampellogik für Status- und Risikobewertung

SAP	Softwareanbieter; im Manuskript insbesondere im Zusammenhang mit SAP GTS
SCM	Supply Chain Management
SE	Societas Europaea; Europäische Aktiengesellschaft
SLA	Service Level Agreement
SMART	Spezifisch, Messbar, Attraktiv, Realistisch, Terminiert
TARIC	Integrierter Tarif der Europäischen Union
TMS	Transport Management System
UZK	Unionszollkodex; Verordnung (EU) Nr. 952/2013
VCI	Verband der Chemischen Industrie e. V.
VO	Verordnung
WCO	World Customs Organization; Weltzollorganisation
WTO	World Trade Organization; Welthandelsorganisation

1 Grundlagen und Bedeutung von Kennzahlen im Zoll- und Exportmanagement

Dieses Kapitel führt in die Rolle von Kennzahlen im Zoll- und Exportmanagement ein und ordnet sie in die zoll- und außenwirtschaftsrechtlichen Rahmenbedingungen ein. Es zeigt, warum Tarifierung, Zollwertermittlung, Warenursprung, Exportkontrolle und Sanktionslistenprüfung nicht nur operative Fachthemen, sondern zentrale Daten- und Steuerungsfelder eines belastbaren KPI-Systems sind. Zugleich wird erläutert, weshalb Kennzahlen im Zusammenspiel von Compliance, Prozessqualität, Kostensteuerung und Managementkommunikation zu einem strategischen Führungsinstrument werden. Das Kapitel legt damit die fachliche und methodische Grundlage für die nachfolgenden Balanced-Scorecard-, KPI-Framework- und Umsetzungsüberlegungen. Die organisatorische Verankerung der Zoll- und Exportkontrolle als Schnittstellenfunktion zwischen unterschiedlichen Unternehmensbereich zeigt Abb. 1.1.

1.1 Geopolitische Risiken, globale Handelsspannungen und die wachsende strategische Bedeutung der Zoll- und Exportkontrolle

Die internationale Handelslandschaft verändert sich spürbar. Handelskonflikte zwischen großen Wirtschaftsräumen, der russische Angriffskrieg gegen die Ukraine, Spannungen im Nahen Osten, verschärfte Sanktionsregime und eine zunehmende Fragmentierung von Lieferketten erhöhen den Druck auf international tätige Unternehmen. Parallel werden zoll- und außenwirtschaftsrechtliche Anforderungen komplexer, weil klassische Zollfragen, Exportkontrolle, Embargos, Nachhaltigkeitsanforderungen und IT-gestützte Meldeprozesse immer stärker ineinandergreifen.

In diesem Umfeld ist Zoll- und Exportkontrolle nicht mehr nur Abwicklung innerhalb der Logistik. Die Funktion wirkt direkt auf zentrale Unternehmensziele: Sie schützt

L. S. Gempp, M. Lisica, *Zoll- und Exportkontrolle wirksam steuern*,
https://doi.org/10.1007/978-3-658-52567-5_1

Abb. 1.1 Zoll- und Exportkontrolle als Schnittstellenfunktion im Unternehmen. (Quelle: Eigene Darstellung)

Marktzugang und Lieferfähigkeit, reduziert finanzielle und strafrechtliche Risiken, stützt belastbare Lieferketten und schafft Nachweise gegenüber Behörden, Kunden, Banken, Versicherern und internen Kontrollinstanzen.

Für das Top-Management wird damit sichtbar: Die Einhaltung zoll- und außenwirtschaftsrechtlicher Vorgaben entscheidet heute mit über die operative Handlungsfähigkeit.

Ein dokumentiertes und überprüfbares Compliance-System wird nicht nur bei Bewilligungen, Außenwirtschaftsprüfungen oder Zollprüfungen relevant, sondern zunehmend auch in Due-Diligence-Prozessen, Lieferantenbewertungen und Konzern-Reportingstrukturen.

Beispiel

Ein Unternehmen exportiert Maschinenersatzteile in mehrere Drittstaaten. Durch neue Sanktionsmaßnahmen werden mehr Lieferungen gestoppt oder verzögert, weil Endverwendungserklärungen fehlen, Kundenangaben unvollständig sind oder technische Produktdaten keine eindeutige Exportkontrollprüfung erlauben. Ohne Kennzahlen bleibt unklar, ob das Problem in der geopolitischen Lage, im Screening-Prozess, in der Stammdatenqualität oder in unzureichenden Eskalationsregeln liegt. ◄

► Zoll- und Exportkontrolle sichern nicht nur Rechtskonformität, sondern auch Lieferfähigkeit, Kostenstabilität und unternehmerische Resilienz.

1.2 Zoll- und außenwirtschaftsrechtlicher Rahmen als Steuerungsumfeld

Kennzahlen im Zoll- und Exportmanagement können nur dann sinnvoll definiert werden, wenn sie an den rechtlichen und fachlichen Entscheidungsfeldern der Funktion anknüpfen. Im Import stehen insbesondere die Einreihung der Ware, der Zollwert, der Ursprung, der anzuwendende Zollsatz, mögliche Präferenzen, Verbote und Beschränkungen sowie die formale Richtigkeit der Zollanmeldung im Mittelpunkt. Im Export kommen unter anderem Ausfuhrverfahren, Sanktionslistenprüfung, Embargoprüfung, Dual-Use-Klassifizierung, Endverwendungsprüfung, Genehmigungsmanagement und Dokumentationspflichten hinzu.

Der Unionszollkodex bildet den zentralen Rechtsrahmen für Zollverfahren in der Europäischen Union. Für das KPI-Management besonders relevant sind elektronische Kommunikation (Art. 6 UZK), Mitwirkungs- und Verantwortlichkeitspflichten bei Angaben und Unterlagen (Art. 15 UZK), zollrechtliche Entscheidungen (Art. 22 UZK), die zolltarifliche Einreihung (Art. 56 und 57 UZK), der Warenursprung (Art. 59–68 UZK), der Zollwert (Art. 69–74 UZK), Zollschuldfragen (u. a. Art. 77–88 UZK) sowie besondere Verfahren (Art. 210 ff. UZK). Für Kennzahlen bedeutet dies: Jede Messgröße muss dem jeweils betroffenen Prüfgegenstand zugeordnet werden, statt Zoll-Compliance pauschal zu messen.

In Deutschland ergänzen Außenwirtschaftsgesetz und Außenwirtschaftsverordnung diesen Rahmen. Das Außenwirtschaftsgesetz geht vom Grundsatz der Freiheit des Außenwirtschaftsverkehrs aus, lässt aber Beschränkungen und Handlungspflichten aus Gründen der öffentlichen Sicherheit, der auswärtigen Interessen oder zur Umsetzung internationaler Verpflichtungen zu (AWG 2013, § 1, § 4). Die Außenwirtschaftsverordnung konkretisiert insbesondere Genehmigungs-, Verfahrens-, Melde- und Aufbewahrungspflichten sowie nationale Güterlisten (AWV 2013, §§ 8–11, §§ 21–26).

Für das KPI-Management folgt daraus ein wichtiger Punkt: Rechtliche Anforderungen sind nicht abstrakte Vorgaben neben dem Prozess, sondern bestimmen Datenfelder, Prüfentscheidungen, Fristen, Eskalationen und Nachweise. Eine Kennzahl ist deshalb nur belastbar, wenn klar ist, auf welche rechtliche Pflicht, welchen Prozessschritt und welche Datenquelle sie sich bezieht.

▶ Dieses Kapitel schafft ein fachliches Grundverständnis dafür, welche zoll- und außenwirtschaftsrechtlichen Zusammenhänge bei der Entwicklung von KPIs zwingend berücksichtigt werden müssen.

1.3 Tarifierung von Waren als Ausgangspunkt vieler Zoll- und Exportentscheidungen

Die Tarifierung oder Einreihung von Waren ist einer der wichtigsten Ausgangspunkte zoll- und außenwirtschaftsrechtlicher Entscheidungen. Nach Art. 56 und 57 UZK bedeutet tarifliche Einreihung, die Unterposition oder weitere Unterteilung der Kombinierten Nomenklatur (Durchführungsverordnung (EU) 2025/1926) zu bestimmen, in die eine Ware einzureihen ist (Verordnung (EU) Nr. 952/2013, Art. 57). Die Kombinierte Nomenklatur basiert auf dem Harmonisierten System der Weltzollorganisation und enthält auf EU-Ebene achtstellige KN-Codes; TARIC ergänzt diese Systematik um weitere Unterteilungen und Maßnahmen (Verordnung (EWG) Nr. 2658/87, Art. 1–3).

Die Einreihung entscheidet nicht nur über den Zollsatz. Sie kann auch darüber bestimmen, ob Antidumpingzölle, Zollaussetzungen, Kontingente, Einfuhr- oder Ausfuhrbeschränkungen, statistische Meldepflichten, Verbrauchsteuerfragen, Genehmigungspflichten oder besondere Nachweisdokumente relevant werden. Selbst bei einem Zollsatz von null Prozent bleibt die richtige Tarifierung daher erforderlich, weil sie nichttarifäre Maßnahmen und Compliance-Prüfungen auslösen kann.

Für Unternehmen entsteht hier ein klassisches KPI-Feld. Messbar sind etwa die Quote falsch eingereihter Waren, die Anzahl nachträglicher Korrekturen, Rückfragen durch Zollstellen, Dauer bis zur finalen Klassifizierung, Anteil der Waren mit dokumentierter Klassifizierungsentscheidung oder Abdeckungsgrad verbindlicher Zolltarifauskünfte. Solche Kennzahlen zeigen nicht nur Prozessqualität, sondern auch die Belastbarkeit des Produktstamms und die Wirksamkeit fachlicher Kontrollmechanismen.

Beispiel

Ein neues Produkt wird im ERP-System ohne vollständige technische Beschreibung angelegt. Die Zollabteilung muss die Einreihung mehrfach mit Entwicklung, Einkauf und Vertrieb klären. Die KPI „Durchlaufzeit Tarifierung neuer Artikel“ zeigt in diesem

Fall nicht nur die Arbeitslast der Zollabteilung, sondern auch ein vorgelagertes Stammdaten- und Produktfreigabeproblem. ◄

► Eine falsche Warennummer ist selten nur ein Stammdatenfehler. Sie kann Zollsatz, Verbote und Beschränkungen, Statistik, Präferenzfähigkeit und Exportkontrollprüfung beeinflussen.

1.4 Zollwertermittlung, Abgabenmanagement und finanzielle Steuerung

Neben der Einreihung ist der Zollwert eine zentrale Bemessungsgrundlage für Einfuhrabgaben. Der Zollwert dient der Anwendung des Gemeinsamen Zolltarifs und bestimmter nichttarifärer Maßnahmen. Maßgeblich sind im Unionszollkodex insbesondere die Regelungen zum Transaktionswert, zu Hinzurechnungen, Abzügen und Ersatzmethoden (Verordnung (EU) Nr. 952/2013, Art. 69–74).

Die Hauptmethode ist grundsätzlich der Transaktionswert, also der für die zur Ausfuhr in das Zollgebiet der Union verkauften Waren tatsächlich gezahlte oder zu zahlende Preis, soweit die gesetzlichen Voraussetzungen erfüllt sind (Verordnung (EU) Nr. 952/2013, Art. 70). Dieser Wert kann durch Hinzurechnungen, etwa bestimmte Beförderungs-, Versicherungs-, Verpackungs-, Beistellungs-, Lizenz- oder Provisionsbestandteile, erhöht werden; bestimmte Bestandteile können zugleich abziehbar sein, wenn sie getrennt ausgewiesen und rechtlich abzugsfähig sind (Verordnung (EU) Nr. 952/2013, Art. 71–72).

Wenn die Transaktionswertmethode nicht angewendet werden kann, sieht der Unionszollkodex weitere Methoden in einer bestimmten Reihenfolge vor: Transaktionswert gleicher Waren, Transaktionswert ähnlicher Waren, deduktive Methode, errechneter Wert und Schlussmethode (Verordnung (EU) Nr. 952/2013, Art. 74). Gerade bei verbundenen Unternehmen, Lizenzgebühren, Werkzeugkosten, Entwicklungsleistungen oder komplexen Lieferbedingungen kann die zollwertrechtliche Bewertung erhebliche finanzielle Auswirkungen haben.

Für das KPI-System ist der Zollwert ein Schnittstellenthema zwischen Zoll, Einkauf, Finance, Steuern, Legal und Supply Chain. Relevante Kennzahlen können die Quote nachträglicher Wertkorrekturen, die Anzahl offener Zollwertklärungen, die Abgabenquote, die Nachforderungsquote, die Dauer der Klärung konzerninterner Verrechnungspreis- oder Lizenzthemen sowie die Vollständigkeit zollwertrelevanter Vertragsinformationen messen.

► Zollwert-KPIs sollten nicht isoliert auf Abgabenminimierung ausgerichtet werden. Steuerungsziel ist eine rechtlich belastbare, dokumentierte und wirtschaftlich transparente Wertbasis.

1.5 Warenursprung, Präferenzen und Lieferkettensteuerung

Der Warenursprung bestimmt die wirtschaftliche Zuordnung einer Ware. Zu unterscheiden sind nichtpräferenzieller Ursprung und präferenzieller Ursprung. Der nichtpräferenzielle Ursprung ist unter anderem für handelspolitische Maßnahmen, Statistik, Ursprungskennzeichnung oder bestimmte Verbote und Beschränkungen relevant. Der präferenzielle Ursprung kann dagegen zu Zollvergünstigungen führen, wenn ein Präferenzabkommen anwendbar ist und die jeweiligen Ursprungsregeln erfüllt und nachgewiesen werden.

Für Unternehmen ist der Ursprung kein rein dokumentarisches Thema. Er hängt von Vormaterialien, Produktionsschritten, Lieferantenerklärungen, Stücklisten, Wertanteilen, Verarbeitungsvorgängen und Präferenzkalkulationen ab. Fehlerhafte oder verspätete Lieferantenerklärungen können dazu führen, dass Präferenzen nicht genutzt werden, Präferenznachweise unzutreffend ausgestellt werden oder nachträgliche Korrekturen erforderlich werden.

Aus KPI-Sicht lassen sich hier mehrere Steuerungsfragen ableiten: Wie hoch ist die Präferenznutzungsquote? Wie viele Lieferantenerklärungen fehlen oder laufen ab? Wie oft werden Präferenzkalkulationen manuell korrigiert? Welche Produkte verlieren durch Lieferantenwechsel ihre Präferenzfähigkeit? Wie hoch ist das finanzielle Potenzial ungenutzter Präferenzen?

Beispiel

Ein Unternehmen importiert Komponenten aus Drittstaaten und exportiert fertige Produkte in Länder mit Präferenzabkommen. Wenn Lieferantenerklärungen fehlen oder Stücklisten nicht aktuell sind, kann die Zollabteilung keine belastbare Ursprungskalkulation erstellen. Eine KPI zur „Vollständigkeit präferenzrelevanter Lieferantenerklärungen“ macht sichtbar, ob das Problem im Zollprozess oder in Einkauf und Lieferantenmanagement liegt. ◄

► Präferenzmanagement ist kein Formularprozess, sondern ein datengetriebener Nachweisprozess entlang der Lieferkette.

1.6 Exportkontrolle, Dual-Use-Prüfung und Sanktionscompliance

Während Zollprozesse häufig an Warenbewegungen und Abgabenermittlung anknüpfen, richtet sich die Exportkontrolle stärker auf die Frage, ob eine Lieferung, technische Unterstützung, Softwareübertragung oder sonstige außenwirtschaftliche Handlung überhaupt zulässig ist. Die Dual-Use-Verordnung definiert Güter mit doppeltem Verwendungszweck als Güter, Software und Technologie, die sowohl zivil als auch militärisch verwendet werden können. Für in Anhang I gelistete Dual-Use-Güter ist grundsätzlich eine Genehmigung erforderlich (Verordnung (EU) 2021/821, Art. 3).

Darüber hinaus können auch nicht gelistete Güter genehmigungspflichtig werden, wenn sie für bestimmte kritische Endverwendungen bestimmt sind oder entsprechende behördliche Hinweise vorliegen. Die Verordnung enthält zudem Regelungen zu Vermittlung, technischer Unterstützung, Durchfuhr, Cyberüberwachungsgütern und nationalen Kontrolllisten (Verordnung (EU) 2021/821, Art. 4). In der Praxis muss die Exportkontrolle daher nicht nur Güterlisten prüfen, sondern auch Endverwender, Endverwendung, Bestimmungsland, Sanktionslage und Geschäftspartnerdaten bewerten.

Das BAFA beschreibt ein Internal Compliance Programme als innerbetriebliches Exportkontrollsystem mit Elementen wie Bekenntnis der Unternehmensleitung, Risikoanalyse, Aufbau- und Ablauforganisation, Ressourcen, Aufzeichnungen, Schulungen, prozessbezogenen und systembezogenen Kontrollen sowie physischer und technischer Sicherheit (BAFA 2022, S. 8; BAFA 2024, S. 10). Diese Elemente lassen sich unmittelbar in KPI-Felder übersetzen, etwa Schulungsquote, Trefferbearbeitungszeit, Genehmigungsdurchlaufzeit, Eskalationsquote, Anzahl kritischer Geschäftspartnerprüfungen, Dokumentationsvollständigkeit oder Audit-Feststellungen.

Ein wirksames KPI-System darf Exportkontrolle nicht auf Sanktionslisten-Screening reduzieren. Screening ist wichtig, bildet aber nur einen Teil des Risikobilds ab. Entscheidend ist die Kombination aus Güterklassifizierung, Geschäftspartnerprüfung, Länder- und Embargoprüfung, Endverwendungsprüfung, Genehmigungsmanagement, Eskalation und Dokumentation.

► Gerade in der Exportkontrolle sind qualitative Eskalationsgründe ebenso wichtig wie quantitative Trefferzahlen. Eine hohe Trefferquote kann auf ein riskantes Geschäftsumfeld, auf unscharfe Screening-Regeln oder auf schlechte Stammdaten hinweisen.

1.7 Die Lücke im Controlling: Fehlende Kennzahlen im Bereich Zoll und Exportkontrolle

Während andere Unternehmensbereiche, etwa Einkauf, Produktion oder Vertrieb, seit vielen Jahren auf ausgereifte Controllinginstrumente und KPI-Systeme zurückgreifen, ist die Situation im Bereich Zoll- und Exportkontrolle häufig noch unstrukturiert. In vielen Organisationen fehlen aussagekräftige Kennzahlen zur Bewertung der Prozessqualität, zur Risikofrüherkennung, zur Steuerung von Ressourcen oder zur Kommunikation mit dem Management.

Dies hat mehrere Ursachen. Die Materie ist komplex, weil rechtliche, technische, logistische und finanzielle Fragestellungen zusammenfallen. Relevante Daten liegen häufig in verschiedenen Systemen, etwa ERP, GTS, ATLAS, Screening-Tools, Produktdatenbanken,

Dokumentenmanagement oder Excel-Auswertungen. Zudem wird Zoll- und Exportkontrolle vielfach noch als notwendige Pflichtfunktion und nicht als Wertbeitrag verstanden.

Eine weitere Ursache liegt in fehlenden Referenzmodellen. Es gibt nur wenige allgemein akzeptierte Benchmarks für Zoll- und Exportkontrollfunktionen, weil Geschäftsmodelle, Länderportfolios, Produktkomplexität, Bewilligungsstruktur, Automatisierungsgrad und Risikoprofil stark variieren. Genau deshalb müssen Kennzahlen sauber definiert, kontextbezogen interpretiert und mit klaren Zielwerten versehen werden.

Dabei sind valide Kennzahlen ein unverzichtbares Instrument, um rechtssicher und wirtschaftlich zugleich zu handeln. Sie schaffen Transparenz, ermöglichen faktenbasierte Entscheidungen und belegen die Leistungsfähigkeit gegenüber internen wie externen Anspruchsgruppen.

1.8 Warum ein systematisches Kennzahlenmanagement erforderlich ist

Ein professionelles Kennzahlenmanagement erfüllt im Bereich Zoll- und Exportkontrolle drei zentrale Funktionen: Steuerung, Risikofrüherkennung sowie Kommunikation und Nachweis. Diese Funktionen sind miteinander verbunden. Eine Kennzahl, die nur misst, aber keine Entscheidung auslöst, bleibt wirkungsschwach; eine Kennzahl, die nur Managementkommunikation bedient, aber keine belastbare Datenbasis besitzt, erzeugt Scheinsicherheit.

Erstens machen Kennzahlen die Leistungsfähigkeit und Effizienz zoll- und exportrelevanter Prozesse messbar. Sie helfen, operative Engpässe zu identifizieren, Automatisierungspotenziale zu erkennen und strategische Ressourcenentscheidungen faktenbasiert zu treffen. Typische Beispiele sind Rückgabequoten bei Zollanmeldungen, Durchlaufzeiten für Klassifizierungsentscheidungen, Trefferbearbeitungszeiten im Screening oder Abdeckungsgrade bei Produktstammdaten.

Zweitens dienen gut definierte KPIs als Frühwarnsystem für Compliance-Risiken. Steigende Fehlerquoten, häufige manuelle Übersteuerungen, unvollständige Endverwendungsangaben, ablaufende Lieferantenerklärungen oder eine wachsende Zahl offener Genehmigungsvorgänge können Hinweise auf strukturelle Schwächen sein, bevor ein behördlicher Befund oder ein Lieferstopp entsteht.

Drittens ermöglichen KPIs eine nachvollziehbare Kommunikation gegenüber Management, internen Audits, Behörden und externen Prüfern. Gerade im Rahmen von Bewilligungen, vereinfachten Verfahren, Außenwirtschaftsprüfungen, Zollprüfungen oder ICP-Bewertungen gewinnen belastbare Kennzahlen als Dokumentations- und Nachweisinstrument an Bedeutung.

▶ Kennzahlen ersetzen keine Compliance; sie machen Compliance steuerbar, überprüfbar und kommunizierbar.

1.9 Vom operativen Messpunkt zum strategischen Steuerungsinstrument

Ein effektives KPI-System im Bereich Zoll- und Exportkontrolle geht weit über die bloße Erfassung einzelner Datenpunkte hinaus. Es verknüpft operative Prozessdaten mit rechtlichen Anforderungen, Risikobewertungen und strategischen Unternehmenszielen. Damit

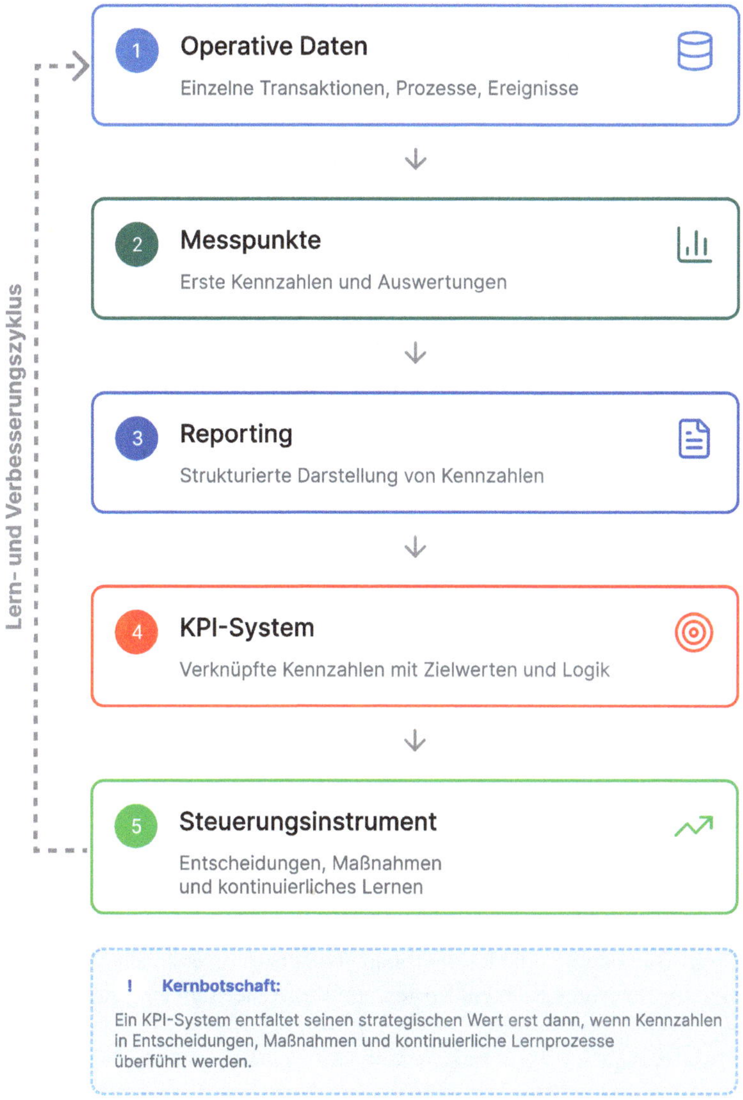

Abb. 1.2 Vom operativen Messpunkt zum strategischen Steuerungsinstrument. (Quelle: Eigene Darstellung)

entsteht ein Steuerungssystem, das sowohl Tagesgeschäft als auch Managemententscheidungen unterstützt. Die Entwicklung von einzelnen Messpunkten hin zu einem strategischen Steuerungsinstrument ist in Abb. 1.2 dargestellt.

Wie in Abb. 1.2 dargestellt, beginnt die Entwicklung eines KPI-Systems bei konkreten Steuerungsfragen: Welche Risiken sollen frühzeitig erkannt werden? Welche Prozesse verursachen Verzögerungen oder Nacharbeiten? Welche Datenqualität ist für rechtssichere Entscheidungen erforderlich? Welche Abgaben-, Präferenz- oder Genehmigungspotenziale sind wirtschaftlich relevant? Welche Nachweise müssen im Prüfungsfall verfügbar sein?

Aus diesen Fragen werden KPIs abgeleitet, die eindeutig definiert, berechenbar, interpretierbar und handlungsorientiert sind. Dazu gehören ein klarer Zweck, eine Formel, Datenquelle, Verantwortlichkeit, Messfrequenz, Zielwert, Schwellenwert, Eskalationslogik und ein Bezug zu rechtlichen oder organisatorischen Anforderungen. Ohne diese Definitionen droht eine Kennzahl zwar technisch messbar, aber fachlich nicht steuerungsfähig zu sein.

Die Auswahl, Definition und Implementierung der passenden Kennzahlen ist anspruchsvoll. Sie erfordert rechtliches Know-how, methodisches Verständnis, Datenkompetenz und ein realistisches Bild der Organisation. Dieses Buch liefert deshalb nicht nur KPI-Beispiele, sondern eine strukturierte Anleitung zur Entwicklung und Implementierung eines unternehmensspezifischen Kennzahlensystems.

► Ein KPI-System ist nur dann strategisch, wenn aus Messwerten Entscheidungen, Maßnahmen und Lernschleifen entstehen.

1.10 Zielsetzung

Dieses Buch verfolgt drei zentrale Ziele: Erstens vermittelt es Grundlagenwissen über den rechtlichen Rahmen, die Bedeutung und die methodische Herangehensweise an KPIs im Bereich Zoll- und Exportkontrolle. Zweitens stellt es konkrete Kennzahlen samt Definition, Formel, Datenquelle, Zielwert, Rechtsbezug und Visualisierung vor. Drittens zeigt es praxisnahe Fallstudien, Implementierungsstrategien und digitale Werkzeuge, mit denen ein KPI-System erfolgreich eingeführt und nachhaltig betrieben werden kann.

Die Zielgruppe umfasst Führungskräfte aus Zoll, Exportkontrolle, Logistik, Supply Chain Management, Compliance, Recht, Einkauf, IT, Finance und Controlling. Ebenso richtet sich das Buch an Mitglieder des Managements, die verstehen möchten, wie zoll- und exportkontrollrelevante Risiken, Kosten und Prozessleistungen sichtbar gemacht werden können.

Im weiteren Verlauf wird der Begriff KPI als Sammelbegriff für steuerungsrelevante Kennzahlen verwendet. Gemeint sind Messgrößen, die operative Leistung, rechtliche Verlässlichkeit, Datenqualität, Ressourcensteuerung und Managementkommunikation im Bereich Zoll und Exportkontrolle unterstützen. Der Begriff umfasst damit sowohl klassische

Performance-Kennzahlen als auch risikoorientierte, compliancebezogene und nachweisorientierte Messgrößen.

Die nachfolgenden Kapitel bauen auf diesem Grundverständnis auf. Kap. 2 ordnet die Balanced Scorecard als Perspektivenmodell ein. Kap. 3 beschreibt die strategische Ableitung von Kennzahlen. Kap. 4 entwickelt das KPI-Framework für Zoll und Exportkontrolle. Die weiteren Kapitel vertiefen Reporting, Benchmarking, Risiko-Monitoring, rechtliche Anforderungen, Projektplanung, Digitalisierung und Handlungsempfehlungen.

Literatur

AWG (2013) Außenwirtschaftsgesetz vom 6. Juni 2013 (BGBl. I S. 1482), zuletzt geändert durch Art. 1 G v. 3. Februar 2026 (BGBl. 2026 I Nr. 27). https://www.gesetze-im-internet.de/awg_2013/BJNR148210013.html

AWV (2013) Außenwirtschaftsverordnung vom 2. August 2013 (BGBl. I S. 2865), zuletzt geändert durch Art. 5 G v. 11. März 2026 (BGBl. 2026 I Nr. 66). https://www.gesetze-im-internet.de/awv_2013/BJNR286500013.html

BAFA (2022) Merkblatt Firmeninterne Exportkontrolle (ICP (Internal Compliance Programmes)), 3. Aufl., April 2022. Bundesamt für Wirtschaft und Ausfuhrkontrolle, Eschborn. https://www.bafa.de/SharedDocs/Downloads/DE/Aussenwirtschaft/afk_merkblatt_icp.html

BAFA (2024) Exportkontrolle und das BAFA, 10. Aufl., November 2024. Bundesamt für Wirtschaft und Ausfuhrkontrolle, Eschborn. https://www.bafa.de/SharedDocs/Downloads/DE/Aussenwirtschaft/afk_merkblatt_exportkontrolle_bafa.pdf.

Europäische Kommission (o. J.) Combined Nomenclature. https://taxation-customs.ec.europa.eu/customs/calculation-customs-duties/customs-tariff/combined-nomenclature_en

Europäische Kommission (o. J.) Tariff classification of goods. https://taxation-customs.ec.europa.eu/customs/calculation-customs-duties/customs-tariff/classification-goods_en

Europäische Kommission (2026c) Customs valuation. https://taxation-customs.ec.europa.eu/customs/calculation-customs-duties/customs-valuation_en

Verordnung (EU) 2021/821 des Europäischen Parlaments und des Rates vom 20. Mai 2021 über eine Unionsregelung für die Kontrolle der Ausfuhr, der Vermittlung, der technischen Unterstützung, der Durchfuhr und der Verbringung betreffend Güter mit doppeltem Verwendungszweck (Neufassung), ABl. L 206 vom 11.6.2021, S. 1–461. https://eur-lex.europa.eu/eli/reg/2021/821/oj/eng

Verordnung (EU) Nr. 952/2013 des Europäischen Parlaments und des Rates vom 9. Oktober 2013 zur Festlegung des Zollkodex der Union, ABl. L 269 vom 10.10.2013, S. 1–101. Konsolidierte Fassung. https://eur-lex.europa.eu/eli/reg/2013/952/2022-12-12/eng

Verordnung (EWG) Nr. 2658/87 des Rates vom 23. Juli 1987 über die zolltarifliche und statistische Nomenklatur sowie den Gemeinsamen Zolltarif, ABl. L 256 vom 7.9.1987, S. 1. Konsolidierte Fassung 1. Januar 2026. https://eur-lex.europa.eu/eli/reg/1987/2658

2 Die Balanced Scorecard als bewährter Ansatz

Dieses Kapitel überträgt die Logik der Balanced Scorecard auf Zoll- und Exportkontrolle. Ausgehend von Kaplan und Nortons Grundidee, Strategie in messbare Steuerungsgrößen zu übersetzen, wird ein fachlich angepasstes Perspektivenmodell entwickelt. Es zeigt, wie rechtliche Anforderungen, operative Qualität, Organisation, Behördenkommunikation und Abgabenmanagement ausgewogen betrachtet werden können. Damit wird deutlich, warum ein KPI-System nicht auf Einzelkennzahlen reduziert werden darf, sondern als mehrdimensionales Führungsinstrument wirkt: Es verbindet strategische Zielbilder mit operativen Messpunkten, Verantwortlichkeiten und überprüfbarer Audit-Evidenz für Management und Fachbereiche gleichermaßen.

Die Balanced Scorecard (BSC) ist ein strategisches Managementmodell, das Kaplan und Norton 1992 eingeführt und später als strategisches Managementsystem weiterentwickelt haben. Ausgangspunkt ist die Grenze eines rein finanzorientierten Rechnungswesenmodells: Es bildet kurzfristige Ergebnisse ab, erklärt aber immaterielle Erfolgsfaktoren wie Kundenbindung, Prozessfähigkeit, Mitarbeiterkompetenz, Motivation, Datenqualität oder Informationssysteme nur unzureichend. Der für dieses Buch zentrale Anschluss liegt in der Übersetzung von Strategie in „klar formulierte, messbare und kontrollierbare Steuerungsgrößen" (Kaplan und Norton 2024, Umschlagtext; vgl. Kaplan und Norton 1996).

> ▶ Die BSC ersetzt finanzielle Kennzahlen nicht. Sie ergänzt sie um Perspektiven, die zukünftige Leistung, Prozessstabilität und Lernfähigkeit erklärbar und steuerbar machen.

L. S. Gempp, M. Lisica, *Zoll- und Exportkontrolle wirksam steuern*,
https://doi.org/10.1007/978-3-658-52567-5_2

2.1 Einführung in die Perspektivenlogik

Dieses Kapitel richtet sich besonders an Führungskräfte und Compliance-Verantwortliche, die KPIs nicht nur „messen", sondern strategisch ableiten und steuern möchten.

Ein professionelles Kennzahlensystem in Zoll- und Exportkontrolle muss sich an realen Steuerungsbedarfen orientieren – typischerweise in drei Richtungen:

- Rechtskonformität sicherstellen (Audit- und Prüffestigkeit, Vermeidung von Verstößen)
- Effizienz und Qualität verbessern (stabile Prozesse, weniger Fehler, bessere Durchlaufzeiten)
- Zusammenarbeit mit Behörden und Stakeholdern stärken (planbare Verfahren, klare Kommunikation)

Um diese Ziele strukturiert abzubilden, nutzt dieses Buch ein modifiziertes Balanced-Scorecard-Modell. Die BSC ist dabei kein reines Reporting-Tableau, sondern ein Ordnungsrahmen, um Ziele, Kennzahlen, Vorgaben und Maßnahmen aus mehreren Perspektiven zu bündeln. Dadurch wird verhindert, dass ein Bereich isoliert optimiert wird (z. B. Geschwindigkeit), während ein anderer leidet (z. B. Compliance, Nachweisführung oder Behördenkommunikation).

Für die Übertragung auf Zoll- und Exportkontrolle sind vier Managementprozesse besonders relevant: *erstens* die Klärung und Herunterbrechung von Vision und Strategie, *zweitens* die Kommunikation und Verknüpfung strategischer Ziele mit Maßnahmen, *drittens* die Planung einschließlich Zielsetzung und Abstimmung strategischer Initiativen sowie *viertens* strategisches Feedback und Lernen (Kaplan und Norton 1996). In der Praxis entspricht dies einem Regelkreis: Trade-Compliance-Zielbild festlegen, KPI-Owner und Datenquellen bestimmen, Schwellenwerte und Maßnahmen vereinbaren, Ergebnisse im Management-Review auswerten und Korrekturen nachhalten.

Die klassische BSC unterscheidet finanzielle Perspektive, Kundenperspektive, interne Prozessperspektive sowie Lern- und Entwicklungsperspektive. Für dieses Fachbuch wird diese Logik nicht schematisch übernommen, sondern fachlich angepasst: Außenwirtschaftsprozesse, Behördenanforderungen, Compliance-Risiken und Abgabenmanagement benötigen eigene Steuerungsfelder. Die folgenden fünf Perspektiven bilden deshalb die Grundlage für Entwicklung, Bewertung und Umsetzung der KPIs in Zoll- und Exportkontrolle und sind in Abb. 2.1 zusammengefasst.

> ▶ Während Kaplan und Norton die klassische BSC über vier Perspektiven strukturieren, übersetzt dieses Buch den Ansatz in fünf fachliche Trade-Compliance-Perspektiven.

Abb. 2.1 ist bewusst als eigene Adaption angelegt: Im Zentrum steht nicht die allgemeine Unternehmensstrategie, sondern das KPI-System für Zoll und Exportkontrolle. Die fünf Perspektiven übersetzen die BSC-Logik in fachliche Steuerungsfelder und verbinden sie mit Auditfähigkeit, Resilienz und Wirtschaftlichkeit.

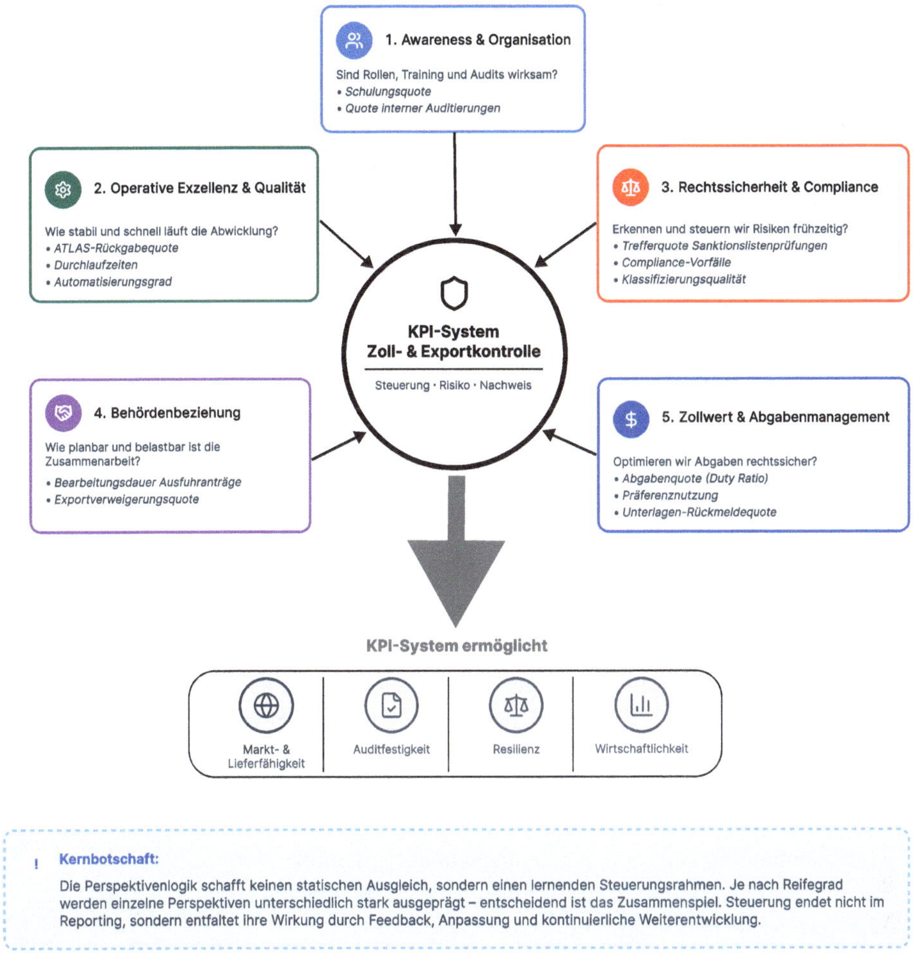

Abb. 2.1 Perspektivenlogik für KPIs in Zoll- und Exportkontrolle. (Quelle: Eigene Darstellung in Anlehnung an Kaplan und Norton 2024)

2.2 Die fünf Steuerungsperspektiven

2.2.1 Awareness und Organisation

Diese Perspektive beschreibt die organisatorischen und kulturellen Voraussetzungen, damit Zoll- und Exportkontrolle dauerhaft funktioniert: Rollen, Verantwortlichkeiten, Schulungsstand, Auditaktivitäten und Eskalationswege. Sie ist das Fundament einer tragfähigen Kontrollorganisation – insbesondere bei hoher regulatorischer Dynamik und steigender Komplexität.

Leitfragen (Praxis)

- Sind Rollen und Zuständigkeiten klar (Ownership)?
- Wissen „kritische Rollen" im Tagesgeschäft, was zu tun ist (Training/Awareness)?
- Funktioniert die interne Kontrolle (Audits, Checklisten, Eskalation)?

Beispielhafte KPIs

- Schulungsquote kritisches Personal
- Quote interner Auditierungen
- Eskalationsquote bei Prüfungen
- Auditqualität (z. B. Erfüllungsgrad Checklisten)

Beispiel

Ein neues Team übernimmt zusätzliche Länder/Standorte. Ohne messbare Schulungsquote und Auditfrequenz steigt das Risiko, dass Prüfungen uneinheitlich durchgeführt werden. Die Perspektive hilft, den „Organisationsunterbau" sichtbar zu machen. ◄

2.2.2 Operative Exzellenz und Qualität

Diese Perspektive fokussiert die Leistungsfähigkeit der operativen Zollprozesse: Fehler, Durchlaufzeiten, Automatisierungsgrad und Produktivität. Ziel ist, Prozesskosten zu senken, Qualität zu sichern und Durchlaufzeiten zu stabilisieren.

Leitfragen (Praxis)

- Wie fehleranfällig sind Zollanmeldungen und Begleitprozesse?
- Wo entstehen Nacharbeiten, Rückgaben oder Verzögerungen?
- Wie hoch ist der Automatisierungsgrad?

Beispielhafte KPIs

- ATLAS-Rückgabequote
- Rücklaufquote Lieferantenerklärungen
- Zollvorgänge pro Mitarbeiter
- Durchschnittliche Abfertigungsdauer

Beispiel

Die ATLAS-Rückgabequote steigt nach einer Systemumstellung. Ein Blick auf die KPI zeigt: Es ist kein „Zollproblem", sondern ein Datenqualitätsproblem (z. B. fehlende Pflichtfelder), das gezielt behoben werden kann. ◄

2.2.3 Rechtssicherheit und Compliance

Diese Perspektive umfasst alle KPIs, die die Einhaltung zoll- und außenwirtschaftsrechtlicher Anforderungen sichtbar machen: Treffer im Screening, Genehmigungspflichten, Klassifizierung, Ursprungserklärungen und interne Vorfälle. Ziel ist, Risiken frühzeitig zu erkennen, kritische Vorgänge sicher zu steuern und Verstöße zu vermeiden.

Leitfragen (Praxis)
- Wo entstehen Compliance-Risiken – und wie früh erkennen wir sie?
- Wie stabil sind Klassifizierung und Ursprungsaussagen?
- Wie viele Vorfälle treten auf – und wie werden sie behandelt?

Beispielhafte KPIs
- Trefferquote bei Sanktionslistenprüfungen
- Anzahl Compliance-Vorfälle/Selbstanzeigen
- Konsistenzquote bei Ursprungserklärungen
- Quote korrekt klassifizierter Güter

2.2.4 Regulatorische Kommunikation und Behördenbeziehung

Diese Perspektive misst die Qualität der Zusammenarbeit mit Behörden (z. B. Zollbehörden, Exportkontrollbehörden): Bearbeitungsdauer, Rückfragen, Verfahrensqualität, Eskalationen. Ziel ist eine belastbare, vertrauensvolle Behördenbeziehung – nicht nur in Krisensituationen, sondern im Tagesgeschäft.

Leitfragen (Praxis)
- Wie planbar sind Anträge und Verfahren (Dauer, Rückfragen)?
- Wie „sauber“ sind unsere Anträge/Unterlagen aus Behördensicht?
- Wie robust ist die Zusammenarbeit bei kritischen Fällen?

Beispielhafte KPIs
- Anzahl Genehmigungsrückfragen
- Exportvolumen in Embargoländer
- Bearbeitungsdauer Ausfuhranträge
- Exportverweigerungsquote

Beispiel

Viele Rückfragen bei Anträgen deuten oft auf unvollständige Unterlagen oder unklare Endverwendungsangaben hin. Die KPI hilft, diese Ursachen zu identifizieren und die Qualität der Antragstellung zu verbessern. ◄

2.2.5 Zollwert und Abgabenmanagement

Diese Perspektive hat einen betriebswirtschaftlichen Fokus. Sie analysiert Höhe und Struktur von Einfuhrabgaben, die Nutzung von Präferenzen sowie die Effizienz spezieller Verfahren (z. B. aktive Veredelung, Rückwaren). Ziel ist, Abgabenbelastung zu optimieren und gleichzeitig rechtssicher zu bleiben.

Leitfragen (Praxis)

- Wo entstehen Abgaben und warum?
- Nutzen wir Präferenzen/Verfahren konsequent und korrekt?
- Sind Unterlagen vollständig und fristgerecht vorhanden?

Beispielhafte KPIs

- Abgabenquote (Duty Ratio)
- Präferenznutzungsquote
- Zolleinsparungen durch Verfahren
- Unterlagen-Rückmeldequote

Beispiel

Die Präferenznutzungsquote ist niedrig, obwohl Lieferanten Präferenzen zusichern. Ursache ist häufig nicht „fehlende Berechtigung“, sondern fehlende oder verspätete Lieferantenerklärungen – sichtbar über die Unterlagen-Rückmeldequote. ◀

2.3 Nutzen der Perspektiven für die Unternehmenssteuerung

Die fünf Perspektiven ermöglichen eine ausgewogene Steuerung der Funktion Zoll- und Exportkontrolle. Sie helfen, typische Zielkonflikte transparent zu machen und Entscheidungen zu begründen, zum Beispiel:

- **Prioritäten setzen** (Bearbeitungszeit reduzieren vs. Schulungsbedarf erhöhen)
- **Ressourcen gezielt einsetzen** (Personal, IT-Investitionen, Trainingsbudget)
- **Management-Kommunikation stärken** (Dashboards, Scorecards, klare Storyline)
- **Compliance und Wirtschaftlichkeit ausbalancieren**

Durch die klare Struktur der Perspektivenlogik lässt sie sich in bestehende Unternehmenssteuerungsmodelle – etwa Balanced Scorecards, Risikomanagement- oder Compliance-Systeme – integrieren. Im Sinne des strategischen Lernens nach Kaplan und Norton endet die Steuerung nicht mit dem Reporting: Abweichungen, Ursachenanalysen und Maßnahmenwirksamkeit müssen in Management-Reviews zurück in Zielbild, Kontrollen, Datenqualität und Ressourcenplanung gespiegelt werden.

Die Perspektivenlogik unterstützt außerdem eine **modulare Umsetzung:** Je nach Reifegrad, Unternehmensgröße oder Risikolage können Perspektiven schrittweise aufgebaut und erweitert werden – ohne dass das System seine Steuerungslogik verliert.

Richtig eingesetzt, verbessern die Perspektiven Steuerbarkeit, Transparenz und Vertrauen – intern wie extern.

Literatur

Kaplan RS, Norton DP (1992) The Balanced Scorecard – Measures that Drive Performance. Harvard Business Review 70(1):71–79.

Kaplan RS, Norton DP (1996) Using the Balanced Scorecard as a Strategic Management System. Harvard Business Review 74(1):75–85.

Kaplan RS, Norton DP (2024) Balanced Scorecard. Strategien erfolgreich umsetzen. 1. Aufl., Schäffer-Poeschel, Stuttgart. ISBN 978-3-7910-6169-6.

Strategische Ableitung von Kennzahlen 3

Dieses Kapitel beschreibt, wie KPIs aus strategischen, rechtlichen und operativen Zielsetzungen abgeleitet werden. Im Mittelpunkt steht der Weg von der Steuerungsfrage über Datenquelle, Formel, Zielwert und Verantwortlichkeit bis zur nutzbaren Kennzahl. Die Ausführungen verdeutlichen, dass Kennzahlen nur dann Wirkung entfalten, wenn sie mit Entscheidungen, Eskalationen und Verbesserungsmaßnahmen verbunden sind. Praxisbeispiele zeigen, wie sich abstrakte Ziele in prüfbare und steuerbare Messgrößen übersetzen lassen.

Ein leistungsfähiges Kennzahlensystem beginnt mit einer fundierten strategischen Analyse. Zoll- und Exportkontrolle sind eng mit übergeordneten Unternehmenszielen verbunden – etwa Compliance, Marktzugang, operative Effizienz und Risikosteuerung. Dieses Kapitel zeigt, wie sich aus diesen Zielen systematisch Kennzahlen ableiten lassen, die nicht nur messen, sondern konkret steuerungsfähig machen.

▶ Leitgedanke: KPIs sind dann wirksam, wenn sie eine Entscheidung auslösen: Was tun wir, wenn die Zahl rot wird, und was ändern wir dauerhaft? Abb. 3.1 zeigt den Weg von strategischen Zielsetzungen über die KPI-Entwicklung bis hin zu operativen Entscheidungen und Maßnahmen.

3.1 Schritt-für-Schritt-Anleitung zur KPI-Entwicklung

Schritt 1: Strategische und rechtliche Zielsetzungen klären

- Welche Ziele verfolgt das Unternehmen in Bezug auf Handelskonformität, Effizienz, Digitalisierung und Risikominimierung?

L. S. Gempp, M. Lisica, *Zoll- und Exportkontrolle wirksam steuern*,
https://doi.org/10.1007/978-3-658-52567-5_3

Abb. 3.1 Von der strategischen Zielsetzung zur operativen Steuerung. (Quelle: Eigene Darstellung)

- Welche rechtlichen Verpflichtungen sind für die Organisation relevant?

Praxisimpuls Formulieren Sie je Ziel einen klaren Steuerungssatz, z. B. „Lieferfähigkeit sichern, ohne Compliance-Risiken zu erhöhen".

Schritt 2: Kritische Prozesse und Risikofelder identifizieren

- Wo liegen die größten Risiken für Verstöße oder Ineffizienzen?
- Welche Prozesse beeinflussen rechtliche, finanzielle oder operative Zielgrößen am stärksten?
- Wo entstehen wiederkehrende Engpässe, Verzögerungen oder Fehlerbilder („Schmerzpunkte")?

Ziel dieses Schrittes ist es, nicht vorschnell Kennzahlen zu definieren, sondern zunächst die zugrunde liegenden Problem- oder Risikobereiche präzise zu verstehen. Erst aus einer klar formulierten Hypothese (z. B. „Verzögerungen entstehen durch manuelle Eskalationsschleifen im Screening") lässt sich eine wirksame KPI ableiten.

Beispiel Bei Exporten kann ein Engpass im Screening zu Lieferverzögerungen führen; im Import verursachen fehlerhafte Anmeldungen Nacharbeiten und potenzielle Nachforderungen. Entscheidend ist dabei nicht nur die Existenz des Risikos, sondern die konkrete Ursache im Prozess.

Schritt 3: Potenzielle KPIs je Prozess ableiten

- Welche Kennzahlen zeigen Prozessqualität, Geschwindigkeit oder Risiko zuverlässig?
  - Zeigt die Kennzahl das zugrunde liegende Problem, oder nur ein Symptom?
  - Ist die Kennzahl steuerbar oder nur beobachtend?

Beispiele (wie im Text)

- Exportprüfprozess: *Trefferquote bei Sanktionslistenprüfungen*
- Zollanmeldungen: *Fehlerquote ATLAS-Rückgaben*

Schritt 4: KPIs definieren und operationalisieren

- Exakte Formulierung: Was wird gemessen und was bewusst nicht? In welcher Einheit?
- Datenquelle und Erhebungsmethode festlegen
- Verantwortlichkeiten (Owner) und Messfrequenz bestimmen

Praxistipp Ohne eindeutige Definition und Datenquelle wird jede KPI im Review diskutiert – aber nicht gesteuert.

Schritt 5: Zielwerte und Toleranzbereiche festlegen

- Zielwerte sollten SMART formuliert sein (spezifisch, messbar, attraktiv, realistisch, terminiert).

Beispiel „Fehlerquote bei Zollanmeldungen unter 1 % pro Quartal"

Schritt 6: Validierung und Testphase durchführen

- Pilot zur Prüfung von Datenqualität und Aussagekraft
- Iterative Optimierung von Formeln, Quellen oder Zielwerten

Beispiel Wenn Rückgabecodes in ATLAS uneinheitlich erfasst werden, ist die KPI zwar berechenbar, aber nicht zuverlässig interpretierbar. Dann muss zuerst die Datenerfassung standardisiert werden.

Schritt 7: Integration ins Berichtswesen

- Konsistentes Reporting etablieren (Dashboard, Scorecard, Monatsreport)
- Visualisierung für Zielgruppen sicherstellen (Management, Operative, Prüfkontext)

► Eine KPI ohne Reporting-Routine ist eine Zahl – kein Steuerungsinstrument.

3.2 Ausführliche Checkliste zur KPI-Erstellung

Ein wirksames Kennzahlensystem basiert auf klar definierten, relevanten und umsetzbaren KPIs. Die folgende Checkliste hilft bei Entwicklung, Überarbeitung und Einführung von KPIs in Zoll- und Exportkontrolle. Sie ist als iteratives Instrument gedacht und begleitet den gesamten Lebenszyklus einer Kennzahl (von der ersten Idee bis zur kontinuierlichen Anpassung im laufenden Betrieb):

1. Strategischer Bezug

- Gibt es ein klares Ziel, das mit der KPI verfolgt wird?
  → Welche Frage soll die Kennzahl beantworten (Risikoüberwachung, Ressourcennutzung, Prozessqualität)?
- Ist die KPI mit einem Unternehmensziel oder einer rechtlichen Anforderung verknüpft?
  → Inwiefern unterstützt die Kennzahl gesetzliche Pflichten oder interne Compliance-Vorgaben (z. B. ICP)?
- Ist der Nutzen der KPI nachvollziehbar?
  - → Kann erklärt werden, wie die KPI Entscheidungen beeinflusst oder Risiken reduziert?
  → Können konkrete Maßnahmen das Ergebnis messbar verändern?

2. Inhaltliche Qualität der Kennzahl

- Ist die KPI eindeutig formuliert?
  → Was genau wird gemessen (Fehlerquote, Bearbeitungsdauer, Rücklaufquote)?
- Ist eine Berechnungsformel definiert?
  → Wie wird der Wert ermittelt (Zähler/Nenner)? Gibt es Varianten?
- Ist der KPI-Wert interpretierbar?
  → Welche Richtung ist „besser" (hoch/niedrig) – und warum?
  → Könnte die KPI Verhalten in eine unerwünschte Richtung lenken?
- Ist die KPI normiert oder vergleichbar?
  → Eignet sie sich für Zeitreihen, Standorte oder Länder?

3. Datenverfügbarkeit und technische Umsetzung

- Gibt es eine verlässliche Datenquelle?
  → Aus welchen Systemen stammt die KPI (z. B. SAP GTS, ATLAS, Screening-Tool, LMS)?
- Kann die KPI automatisiert oder teilautomatisiert berechnet werden?
  → Ist eine regelmäßige Erhebung ohne hohen manuellen Aufwand möglich?
- Sind die Daten aktuell und konsistent?
  → Liegen alle notwendigen Informationen im richtigen Format vor? Gibt es Medienbrüche?
- Ist die technische Verantwortung geklärt?
  → Wer stellt sicher, dass die Datenverfügbarkeit langfristig gewährleistet ist?
- Ist der Aufwand für Datenerhebung und -pflege angemessen?
  → Steht der Nutzen der KPI in einem vertretbaren Verhältnis zu Implementierungs-, Betriebs- und Wartungskosten?

4. Zielwerte und Ampel-Systematik

- Ist ein Zielwert definiert?
  → Wurde ein realistischer Zielkorridor festgelegt?
- Ist der Zielwert SMART formuliert?

→ Spezifisch – Messbar – Attraktiv – Realistisch – Terminiert
- Gibt es ein Bewertungsschema (z. B. Ampelsystem)?
  → Grün = Ziel erreicht, Gelb = kritisch, Rot = Zielverfehlung
- Sind externe Benchmarks verfügbar?

Hinweis Dieses Buch arbeitet bewusst ohne externe Benchmarks. Stattdessen werden Zielwerte über Baseline, Trend und risikobasierte Steuerungsbedarfe im eigenen Unternehmen begründet.

5. Verantwortlichkeit und Reporting

- Ist eine fachliche Zuständigkeit festgelegt?
  → Wer prüft, bewertet und kommentiert die Ergebnisse?
- Ist der Reporting-Zyklus definiert?
  → Monatlich, quartalsweise, jährlich?
- Ist das Berichtsziel klar?
  → Für wen wird berichtet (Management, Operative, Prüfkontext)?
- Gibt es Eskalations- und Maßnahmenprozesse bei Zielabweichung?
  → Was passiert, wenn Zielwerte nicht erreicht werden?

6. Kommunikation und Akzeptanz
- Wurde die KPI mit Stakeholdern abgestimmt?
  → Fachbereiche, IT, Controlling, externe Partner?
- Ist der Kontext der KPI ausreichend erläutert?
  → Könnte die Kennzahl außerhalb des Projekt- oder Fachkontexts missverstanden werden?
- Gibt es Schulungen oder Dokumentation (z. B. KPI-Handbuch)?
- Ist die Visualisierung zielgruppengerecht?

7. Integration in das Steuerungssystem
- Ist die KPI Teil eines konsistenten Systems (z. B. Balanced Scorecard)?
- Lässt sich die KPI mit anderen KPIs verknüpfen?
  → z. B. Fehlerquote ↔ Schulungsquote
- Gibt es einen Review- und Weiterentwicklungsprozess?
  - → Regelmäßige Prüfung auf Relevanz, Aussagekraft, Methodik

  → Unterstützt die Kennzahl Fokus – oder erhöht sie Komplexität?

Diese Checkliste unterstützt dabei, KPI-Qualität und Relevanz strukturiert zu prüfen – damit ein System entsteht, das nicht nur Daten sammelt, sondern Mehrwert liefert. Die zugrunde liegende Struktur aus Qualitätskriterien und Entscheidungslogik ist in Abb. 3.2 zusammengefasst. Sie eignet sich für Workshops, KPI-Reviews, Auditvorbereitung und Management-Readouts.

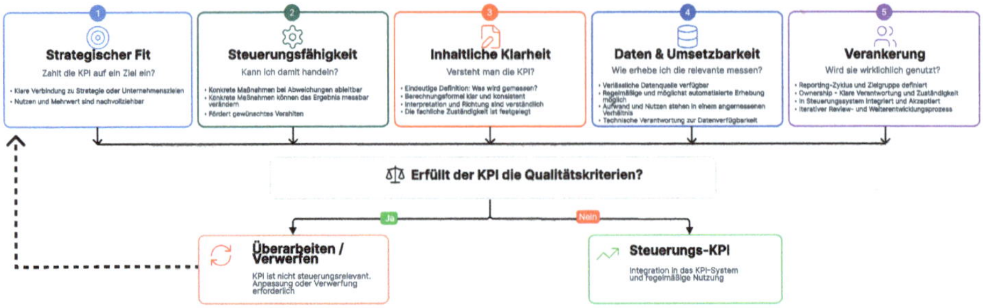

Abb. 3.2 KPI-Qualitätsframework und Entscheidungslogik (Quelle: Eigene Darstellung)

3.3 Erweiterte Praxisbeispiele zur Kennzahlen-Entwicklung

Die folgenden Praxisbeispiele zeigen, wie Kennzahlen so entwickelt werden, dass sie zugleich steuerungsrelevant (Management-tauglich) und compliancefest (prüfbar, nachvollziehbar, evidenzbasiert) sind. Entscheidend ist nicht allein die KPI-Definition, sondern das Zusammenspiel aus Kalenderjahr oder rollierende 12 Monate) und wie Eskalationen erfolge einer klaren Maßnahmenlogik („Was passiert, wenn die Kennzahl abweicht?").

Beispiel 1: KPI zur Prozessqualität im Import

- Ziel: Reduktion von Nachforderungen, Korrekturen und Verzögerungen infolge fehlerhafter Zollanmeldungen.
- KPI: Fehlerquote bei ATLAS-Anmeldungen
- Formel: Anzahl Rückgaben/Gesamtanzahl Anmeldungen × 100
- Zielwert: <2 % pro Monat
- Rechtsbezug: Art. 15 UZK (vollständige und richtige Angaben in der Zollanmeldung)
- Datenquelle: ATLAS-Datenbank, Auswertungen des Zolldienstleisters, interne Daten der Zollabwicklung

Praxisinterpretation:

Steigt die Fehlerquote, ist die erste Frage nicht „Wer hat Schuld?", sondern: Welche Rückgabearten dominieren? Für die Steuerbarkeit empfiehlt sich eine zweistufige Logik: Die Fehlerquote dient als Frühwarnindikator (Trend/Abweichung).

Eine Treiberanalyse zeigt die Hauptursachen, z. B. Rückgaben aufgrund von Stammdatenfehlern (Warennummer, Verfahren), Dokumentationslücken (fehlende Referenzen/Unterlagen), Wert- bzw. Zollwertangaben (Incoterms, Zuschläge, Währung) oder Mengen–/Einheitenfehlern.

Aus der Treiberanalyse folgt ein gezielter Maßnahmenplan: Ursachen priorisieren (z. B. nach finanzieller Relevanz, Compliance-Risiko und Durchlaufzeit), Verantwortlichkeiten zuordnen (z. B. Master Data Owner, Trade Compliance, Broker Management) und präventive Prozess-/Systemanpassungen umsetzen (Plausibilitätsprüfungen, Pflichtfelder, Freigabelogik, Schulungsmaßnahmen).

Hinweis zur Messlogik (Auditfähigkeit):
Damit die Kennzahl belastbar bleibt, sind Definitionen stabil zu dokumentieren (z. B. „Was zählt als Rückgabe?", Umgang mit Stornos, Doppelmeldungen und Korrekturanmeldungen). Eine konsistente Zählweise ist Voraussetzung für Vergleichbarkeit und Wirksamkeitsnachweis. ◄

Beispiel 2: KPI zur Präferenznutzung

- Ziel: Optimale Nutzung von Freihandelsabkommen bei gleichzeitig kontrollierter Risikoexponierung.
- KPI: Präferenznutzungsquote
- Formel: Anzahl präferenzbegünstigter Sendungen/Gesamtzahl präferenzfähiger Sendungen × 100
- Zielwert: 95 % im Jahresdurchschnitt – abhängig von Produktportfolio und Risikoprofil.
- Rechtsbezug: Art. 15 UZK (vollständige und richtige Angaben; korrekte Anwendung präferenzrechtlicher Grundlagen)
- Datenquelle: Ursprungs-/Präferenzdatenbank, Lieferantenerklärungen, SAP GTS (oder vergleichbares Modul), Abgaben-/Steuerbescheide

Praxisinterpretation:
Eine niedrige Präferenznutzungsquote ist häufig kein „klassisches Zollproblem", sondern ein Unterlagen- und Datenkettenproblem: fehlende oder ungültige Lieferantenerklärungen, unvollständige Ursprungsstammdaten oder fehlende Systemverknüpfungen. In der Praxis erhöht sich die Steuerbarkeit deutlich, wenn die Präferenzquote mit einer Evidenzkennzahl gekoppelt wird, etwa einer Unterlagen-Rückmeldequote für Lieferantenerklärungen.

Ergänzende KPI (Evidenz-/Datenqualität):
Unterlagen-Rückmeldequote (Lieferantenerklärungen):
Anzahl gültiger Erklärungen/Anzahl angeforderter Erklärungen × 100
Diese Kombination schafft Transparenz darüber, wo die Ursache liegt: im Lieferantenmanagement (Anforderung, Fristen, Eskalation), in der Stammdatenpflege oder in der operativen Anwendung bei der Anmeldung.

Steuerungslogik (praxisbewährt):
Für die Umsetzung empfiehlt sich eine Segmentierung nach Warengruppen und Lieferanten (Volumen–/Abgabenhebel), die Etablierung klarer Eskalationspfade und SLAs sowie systemseitige Plausibilitätsregeln (z. B. Präferenz nur bei gültiger Evidenz). Ergänzend sollten risikobasierte Stichproben und dokumentierte Entscheidungen vorgesehen werden, wann Präferenzen bewusst nicht genutzt werden (begründete Risikoabwägung). ◄

Beispiel 3: KPI zur Organisationsreife im Export

- Ziel: Sicherstellung eines wirksamen Awareness- und Trainingsniveaus für exportkontrollrelevante Tätigkeiten.
- KPI: Schulungsquote kritisches Personal
- Formel: Zahl geschulter Personen/Zahl kritischer Rollen × 100
- Zielwert: 100 % jährlich
- Rechtsbezug: BAFA-ICP-Leitlinie „Awareness & Training“
- Datenquelle: HR-System, Learning Management System (LMS), Schulungsplattform

Praxisinterpretation:
Die Kennzahl wird erst dann belastbar, wenn „kritische Rollen“ eindeutig definiert, versioniert und regelmäßig aktualisiert werden. In der Praxis hat sich eine Rollenliste als Evidence bewährt (z. B. Funktionsmatrix), die anhand objektiver Kriterien gepflegt wird, etwa Rollen mit Einfluss auf Exportentscheidungen, Kunden–/Länderbezug, produkt–/technologiebezogene Schnittstellen (Klassifizierung/Technologietransfer) oder Genehmigungs-/Freigabehandlungen.
Zur Steuerbarkeit sollten zudem Mindestanforderungen festgelegt werden: Was gilt als „geschult“ (Teilnahme, bestandener Test, Mindestscore, Zertifikat), welche Fälligkeit gilt (Kalenderjahr oder rollierende 12 Monate) und wie Eskalationen erfolgen (Reminder-Zyklen, Führungskraft-Eskalation, ggf. Einschränkung kritischer Tätigkeiten bis zum Nachweis).

Optionaler Wirksamkeitsbaustein:
Eine reine Teilnahmequote bildet den Reifegrad nur begrenzt ab. Ergänzend kann eine Bestanden-Quote oder ein Mindestscore die Aussagekraft erhöhen, sofern Messlogik und interne Rahmenbedingungen konsistent geregelt sind.

Von der Einzel-KPI zum robusten KPI-System

Die drei Beispiele verdeutlichen ein Grundprinzip: Eine KPI ist dann wirksam, wenn sie nicht nur misst, sondern Handlungen auslöst. Dies gelingt durch die Kombination aus

- einer klaren Kennzahlendefinition (Ziel, Formel, Zielwert),
- einem belastbaren Rechts- und Governance-Bezug (Nachweisfähigkeit),

- einer Treiberlogik (Ursachen statt Schuldzuweisung) und
- einem verbindlichen Maßnahmen- und Eskalationsmechanismus.

So entsteht ein KPI-System, das operative Effizienz sichtbar macht, rechtliche Konformität messbar unterstützt und als Frühwarn- sowie Steuerungsinstrument auf Executive Level genutzt werden kann. Mit zunehmendem Reifegrad der KPIs werden diese nicht mehr isoliert betrachtet, sondern systematisch miteinander verknüpft, um Ursache-Wirkungs-Zusammenhänge sichtbar zu machen.

Weiterführende Literatur

Cole Nussbaumer Knaflic (2015) Storytelling with Data, Wiley, Hoboken: 17 ff.

Doran GT (1981) There's a S.M.A.R.T. way to write management's goals and objectives., Management Review, Volume 70.

Few S (2013) Information Dashboard Design. Displaying Data for At-a-Glance Monitoring. 2. Aufl., Analytics Press, Burlingame. ISBN 978-1-938-37700-6.

Parmenter D (2019) Key Performance Indicators: Developing, Implementing, and Using Winning KPIs 4. Aufl., Wiley, Hoboken. ISBN 978-1-119-62077-8.

4 Struktur und Wirkung des KPI-Frameworks

Dieses Kapitel stellt das zentrale KPI-Framework für Zoll und Exportkontrolle dar. Die Kennzahlen werden nach Steuerungsperspektiven geordnet und jeweils mit Blick auf Zweck, Formel, Rechtsbezug, Datenquelle, Zielwert, Interpretation, Visualisierung und Steuerung eingeordnet. Die Aufbereitung folgt einem einheitlichen Steckbriefmuster, damit die KPIs im Management-Review, in operativen Reviews und in Audits nachvollziehbar genutzt werden können. Abb. 4.1 zeigt die Bestandteile eines solchen KPI-Steckbriefs und deren Zusammenspiel.

Die folgenden KPI-Steckbriefe (Tab. 4.1) übersetzen das Framework in konkrete Steuerungsgrößen. Jede Kennzahl wird nicht nur berechnet, sondern in Zweck, Datenbasis, Rechts- bzw. Governance-Bezug, Zielwertlogik, Visualisierung und Maßnahmensteuerung eingeordnet.

► Eine KPI ist nur dann steuerungsfähig, wenn Zweck, Formel, Datenquelle, Verantwortlichkeit, Schwelle und Maßnahmenlogik dokumentiert sind (Tab. 4.1).

L. S. Gempp, M. Lisica, *Zoll- und Exportkontrolle wirksam steuern*,
https://doi.org/10.1007/978-3-658-52567-5_4

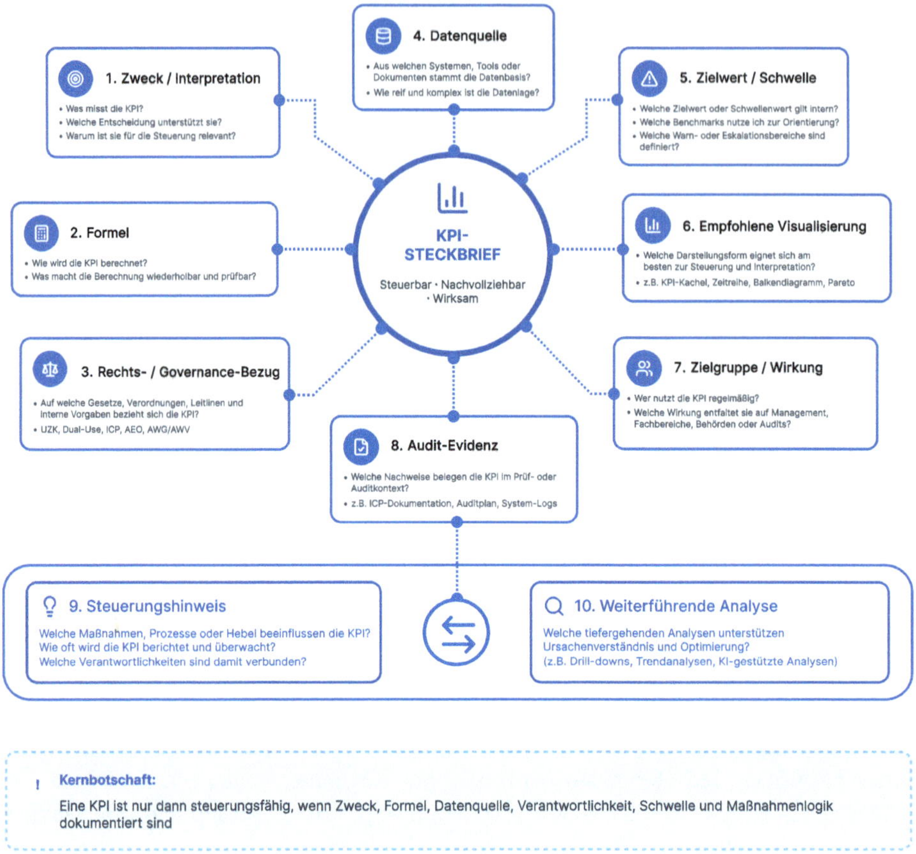

Abb. 4.1 Aufbau eines KPI-Steckbriefs. (Quelle: Eigene Darstellung)

Tab. 4.1 Aufbau der KPI-Steckbriefe

Baustein	Funktion
Zweck/Interpretation	ordnet die Kennzahl fachlich ein und zeigt, welche Entscheidung sie unterstützt
Formel	macht die Berechnung prüfbar und wiederholbar
Rechts–/Governance-Bezug	verbindet die KPI mit UZK, Dual-Use, ICP, AEO, AWG/AWV oder interner Governance
Datenquelle	legt fest, aus welchen Systemen oder Dokumenten die KPI gespeist wird
Zielwert/Schwelle	beschreibt interne Sollwerte, Warnbereiche oder Eskalationspunkte; Benchmarks sind nur Orientierung
Audit-Evidenz	zeigt, welche Nachweise die KPI im Prüfkontext belastbar machen

4.1 Awareness und Organisation

▶ Die Perspektive ist nur dann vollständig steuerbar, wenn Management-Kennzahlen, operative Steuerungskennzahlen und Analyse-Kennzahlen miteinander verbunden werden (Tab. 4.2 und 4.3).

Tab. 4.2 KPIs dieser Perspektive

KPI	Steuerungsfrage/Kernaussage
KPI 1: Quote interner Auditierungen in Zoll- und Exportkontrolle	Die Kennzahl beantwortet die Frage, inwieweit die im ICP vorgesehene Selbstüberwachung tatsächlich umgesetzt wird. Je näher der Wert an 100 % liegt, desto besser ist die Evidenz.
KPI 2: Schulungsquote kritisches Personal	Die Kennzahl zeigt, welcher Anteil der Personen in kritischen Rollen (z. B. Vertrieb mit Exportbezug, Versand, Einkauf, Zoll, Exportkontrolle) aktuelle, dokumentierte Schulungen absolviert hat.
KPI 3: Eskalationsquote Exportkontrollprüfungen	Die KPI misst, bei wie vielen Exportprüfungen der Standardprozess nicht ausreicht und eine manuelle Entscheidung durch die Exportkontrollstelle oder das Management erforderlich ist.
KPI 4: Reaktionszeit bei Compliance-Vorfällen	Die KPI misst den Zeitraum zwischen Meldung eines Vorfalls (z. B. Verdacht auf Sanktionsverstoß, falsche Ausfuhr) und erster dokumentierter Reaktion (z. B. Versandstopp, Prüfung, ...)

Tab. 4.3 KPI-Steckbrief 1: Quote interner Auditierungen in Zoll- und Exportkontrolle

KPI	KPI 1: Quote interner Auditierungen in Zoll- und Exportkontrolle
Zweck/ Interpretation	Die Kennzahl beantwortet die Frage, inwieweit die im ICP vorgesehene Selbstüberwachung tatsächlich umgesetzt wird. Je näher der Wert an 100 % liegt, desto besser ist die Evidenz, dass das Exportkontrollsystem regelmäßig geprüft und weiterentwickelt wird. Eine niedrige Quote weist auf Lücken bei Planung, Priorisierung oder Ressourcen hin.
Formel	(durchgeführte Auditierungen/geplante Auditierungen) × 100
Rechts–/ Governance-Bezug	BAFA-Merkblatt Firmeninterne Exportkontrolle Abschn. 2.8Leitlinie Abschn. 2.8
Datenquelle	Auditplan, interne Auditberichte, ICP-Dokumentation.
Datenreife/ Komplexität	niedrig (manuell gepflegt, aber sehr stabil)
Zielwert/ Schwelle	100 % (als internes Beispiel- oder Planungsziel zu verstehen; final unternehmensspezifisch festlegen)

(Fortsetzung)

Tab. 4.3 (Fortsetzung)

Empfohlene Visualisierung	Fortschrittsanzeige/Gauge Chart für die obige Formel (geplante vs. Durchgeführte Audits) Zeitreihe für Stabilität des Auditprogramms bzw. Organisationsreife Balkendiagramm für die Aufteilung nach Geschäftseinheiten/Werken/ Standorten
Zielgruppe/ Wirkung	Management: Wirksamkeit des ICP Compliance/Exportkontrolle: Auditplanung Behörden: Selbstüberwachung
Audit-Evidenz	Auditplan, interne Auditberichte, ICP-Dokumentation.; ergänzend Maßnahmenstatus und Wirksamkeitskontrolle bei Abweichungen

Beispiel 10 von 10 geplanten Auditierungen wurden durchgeführt → 100 %. Management (Verbesserungs-Story): Alle geplanten Audits wurden durchgeführt (Auditquote: 100 %). Mehrere Audits zeigen jedoch wiederkehrende Schwachstellen in der Stammdatenpflege, insbesondere bei Warennummern und Präferenzkennzeichnungen. Diese Fehler führen bereits heute zu höheren ATLAS-Rückgabequoten und erhöhen das Risiko falscher Präferenzanwendungen. Wir empfehlen daher, die Verantwortung für Außenhandelsstammdaten zentral zu bündeln und zusätzliche Validierungsregeln im ERP-System zu integrieren. Management (Risikosteuerungs-Story): Von zehn geplanten Audits wurden bislang sechs durchgeführt (Auditquote: 60 %). Ursache ist eine Verschiebung von Ressourcen im Compliance-Team aufgrund mehrerer kurzfristiger Sonderprüfungen. Werden die verbleidenten Audits nicht zeitnah durchgeführt, kann die im ICP vorgesehene Selbstüberwachung nicht vollständig nachgewiesen werden. Wir schlagen daher vor, die verbleibenden Audits im kommenden Quartal priorisiert durchzuführen und zusätzliche Unterstützung aus < Abteilung/Team einfügen> einzubinden.

Steuerungshinweis Ein verbindlicher Auditjahresplan, die Zuordnung von Verantwortlichen je Audit und eine systematische Verfolgung offener Maßnahmen im Anschluss an das Audit sind zentrale Hebel. Im Reporting sollte die KPI mindestens jährlich, bei hohem Risiko halbjährlich, ausgewertet werden.

Weiterführende Analyse Geringe Textanalyse von Auditberichten, Analyse von Prüfmustern in behördlichen Feststellungen und Abgleich mit internen Auditfeststellungen, um zukünftige Prüfungsschwerpunkte besser vorzubereiten (Tab. 4.4).

Beispiel 50 von 50 kritischen Rollen geschult → 100 %.

Steuerungshinweis Durch einen verbindlichen jährlichen Trainingsplan, automatische Erinnerungen im LMS und Einbindung von Schulungen in Onboarding- und Rollenwechsel-Prozesse lässt sich die KPI zuverlässig steuern. Im Dashboard eignet sich eine Ampeldarstellung (z. B. Grün ab 95 %, Gelb 80–95 %, Rot <80 %).

Tab. 4.4 KPI-Steckbrief 2: Schulungsquote kritisches Personal

KPI	KPI 2: Schulungsquote kritisches Personal
Zweck/ Interpretation	Die Kennzahl zeigt, welcher Anteil der Personen in kritischen Rollen (z. B. Vertrieb mit Exportbezug, Versand, Einkauf, Zoll, Exportkontrolle) aktuelle, dokumentierte Schulungen erhalten hat. Ein Wert <100 % signalisiert, dass Wissenstransfer und ICP-Anforderungen noch nicht vollständig abgesichert sind.
Formel	(geschulte Personen/kritische Rollen) × 100
Rechts–/ Governance-Bezug	BAFA-Merkblatt Firmeninterne Exportkontrolle Abschn. 2.7.2, Art. 39 d) UZK
Datenquelle	HR-System, Learning Management System (LMS), Schulungs- und Teilnahmeübersichten.
Datenreife/ Komplexität	niedrig bis mittel
Zielwert/ Schwelle	100 % (als internes Beispiel- oder Planungsziel zu verstehen; final unternehmensspezifisch festlegen)
Empfohlene Visualisierung	Fortschrittsbalken
Zielgruppe/ Wirkung	Management: Compliance-Risiko Compliance/Exportkontrolle: ICP-Anforderung HR: Trainingsplanung Behörden: Awareness Storytelling-Templates (Hier dreht es sich oft um die Themen Awareness, Organisation und Verantwortung. Was man erreichen will, ist sicherzustellen, exportrelevante Entscheidungen von ausreichend qualifiziertem Personal getroffen werden). Strukturelle Verbesserung durchsetzen mit HR und Management: Die Schulungsquote für kritische Rollen liegt aktuell bei 80 % und damit deutlich unter dem Zielwert von 100 %. Der Rückgang ist vor allem auf Personalwechsel im Vertrieb und Versand zurückzuführen. Ohne Schulung besteht das Risiko, dass exportkontrollrelevante Entscheidungen getroffen werden, ohne die geltenden Vorschriften zur Genüge zu kennen. Wir empfehlen daher, dass Schulungen für Exportrelevante Rollen ein verpflichtender Bestandteil des Onboarding-Prozesses werden und systemisch erfasst werden. Erst nach erfolgreicher Schulung dürfen bestimmte Tätigkeiten durchgeführt werden.
Audit-Evidenz	HR-System, Learning Management System (LMS), Schulungs- und Teilnahmeübersichten.; ergänzend Maßnahmenstatus und Wirksamkeitskontrolle bei Abweichungen

Weiterführende Analyse Begrenzt Zusammenhang, Schulung und Fehlerquote (ML-Analyse ausreichend) (Tab. 4.5)

Beispiel 15 Eskalationen bei 900 Prüfungen → 1,67 %. Optimierungsstory mit IT oder IT-Lieferanten: Die Eskalationsquote liegt aktuell bei 3,5 %. Die Auswertung zeigt, dass mehr als 60 % der Eskalationen auf dieselben drei Entscheidungsfülle zurückzuführen sind. Diese Fälle werden regelmäßig manuell geprüft, obwohl die Entscheidungsmuster

Tab. 4.5 KPI-Steckbrief 3: Eskalationsquote Exportkontrollprüfungen

KPI	KPI 3: Eskalationsquote Exportkontrollprüfungen
Zweck/ Interpretation	Die KPI misst, bei wie vielen Exportprüfungen der Standardprozess nicht ausreicht und eine manuelle Entscheidung durch die Exportkontrollstelle oder das Management erforderlich wird. Eine dauerhafte hohe Quote deutet auf zu grobe Prüfregeln oder unzureichend hinterlegte Geschäftslogik hin; eine extrem niedrige Quote kann Hinweis auf zu „lockere" Einstellungen sein.
Formel	(Eskalationen/Prüfungen) × 100
Rechts–/ Governance-Bezug	BAFA-Merkblatt Firmeninterne Exportkontrolle Abschn. 2.8
Datenquelle	Exportfreigabe-/Screening-System, Ticket-/Workflow-Tool.
Datenreife/ Komplexität	mittel (schwer bei verteilten Systemen fürs Screening)
Zielwert/ Schwelle	< 2 % (als internes Beispiel- oder Planungsziel zu verstehen; final unternehmensspezifisch festlegen)
Empfohlene Visualisierung	Zeitreihe: wenn es rein die Eskalationsquote ist. Pareto-Diagramm: Top n Gründe für Eskalationen Heatmap: Eskalationen nach Markt/Produktgruppe
Zielgruppe/ Wirkung	Management: Effizienz Exportkontrolle: Prozessbelastung IT: Regel-Setup
Audit-Evidenz	Exportfreigabe-/Screening-System, Ticket-/Workflow-Tool.; ergänzend Maßnahmenstatus und Wirksamkeitskontrolle bei Abweichungen

weitgehend identisch sind. Wir empfehlen daher, diese Entscheidungslogik als feste Regel im Exportkontrollsystem zu hinterlegen, um den manuellen Prüfaufwand zu reduzieren. Verbesserungs-Story mit Vertrieb: Die Eskalationsquote ist im letzten Quartal von 1,5 auf 3,5 % gestiegen. Die Analyse zeigt, dass ein Großteil der Eskalationen auf unpräzise Geschäftspartnerdaten und eine hohe Anzahl an False Positives im Screening-System zurückzuführen ist. Dadurch steigt der manuelle Prüfaufwand und die Bearbeitungszeit für Exportfreigaben verlängert sich. Wir empfehlen daher, die Qualität der Geschäftspartnerstammdaten systematisch zu verbessern und die Screening-Regeln gemeinsam mit IT und Compliance zu optimieren, um unnötige Eskalationen zu reduzieren.

Steuerungshinweis Regelbasierte Prüfpfade, feinjustierte Risikoklassen, hinterlegte Entscheidungsbäume im ICP sowie regelmäßige Auswertung von Eskalationsgründen helfen, die Quote auf einem sinnvollen Niveau zu stabilisieren. (Reporting-Frequenz sollte monatlich bzw. wöchentlich bei hohem Transaktionsvolumen betragen).

Weiterführende Analyse Sehr gut, False-Positive-Analyse, Mustererkennung bei Eskalationen Optimierung von Screening-Regeln (Tab. 4.6)

Beispiel Ø Reaktionszeit bei 4 Vorfällen = 2,5 Tage. Management (Steuerungs-Story): Die durchschnittliche Reaktionszeit liegt bei 5 Tagen und damit deutlich über dem Ziel-

Tab. 4.6 KPI-Steckbrief 4: Reaktionszeit bei Compliance-Vorfällen

KPI	KPI 4: Reaktionszeit bei Compliance-Vorfällen
Zweck/ Interpretation	Die KPI misst den Zeitraum zwischen Meldung eines Vorfalls (z. B. Verdacht auf Sanktionsverstoß, falsche Ausfuhr) und erster dokumentierter Reaktion (z. B. Versandstopp, Prüfung, Behördenkontakt). Eine kurze Reaktionszeit stärkt die Glaubwürdigkeit des ICP gegenüber Management und Behörden.
Formel	Summe Reaktionszeiten/Anzahl Vorfälle
Rechts–/ Governance-Bezug	BAFA-Merkblatt Firmeninterne Exportkontrolle Abschn. 2.8
Datenquelle	Incident-Register, Compliance-Tool, Protokolle von Vorfallsbesprechungen.
Datenreife/ Komplexität	mittel
Zielwert/ Schwelle	< 3 Tage
Empfohlene Visualisierung	Trend-Zeitreihen: Durchschnittliche Reaktionszeit Box-Plot: Verteilung der Reaktionszeiten
Zielgruppe/ Wirkung	Management: Risikosteuerung Compliance: Incident-Management Behörden: Reaktionsfähigkeit
Audit-Evidenz	Incident-Register, Compliance-Tool, Protokolle von Vorfallsbesprechungen.; ergänzend Maßnahmenstatus und Wirksamkeitskontrolle bei Abweichungen

wert. Die Analyse zeigt, dass die Exporkontrollstelle aktuell mehrere parallele Vorfälle bearbeiten musste, wodurch sich die Bearbeitung einzelner Fälle verzögert hat. Eine dauerhaft verlängerte Reaktionszeit erhöht das Risiko, dass kritische Vorgänge nicht rechtzeitig gestoppt oder geprüft werden. Wir empfehlen daher die Bearbeitung von Compliance-Vorfällen organisatorisch stärker abzusichern und zusätzliche Kapazitäten für das Incident-Management vorzusehen.

Steuerungshinweis Standardisierte Notfallhandbücher, ein klar benanntes Notfallteam, definierte Kommunikationswege und ein zentrales Meldetool (z. B. Whistleblower-System oder Incident-Formular) reduzieren die Reaktionszeit deutlich. Im Reporting sollte zusätzlich die maximale Reaktionszeit betrachtet werden.

Weiterführende Analyse Mittel NLP zur Vorfallanalyse, Mustererkennung bei Vorfällen

4.2 Operative Exzellenz und Qualität

► Die Perspektive ist nur dann vollständig steuerbar, wenn Management-Kennzahlen, operative Steuerungskennzahlen und Analyse-Kennzahlen miteinander verbunden werden (Tab. 4.7 und 4.8).

Tab. 4.7 KPIs dieser Perspektive

KPI	Steuerungsfrage/Kernaussage
KPI 5: Vollständigkeit der Endverbleibserklärungen (EVEs)	Die Kennzahl beantwortet, wie zuverlässig für genehmigungspflichtige oder kritische Ausfuhren eine vollständige Endverbleibserklärung vorliegt.
KPI 6: Rücklaufquote Lieferantenerklärungen	Die Kennzahl zeigt, wie zuverlässig Lieferanten angeforderte Lieferantenerklärungen rechtzeitig zurücksenden. Eine niedrige Quote gefährdet die Präferenznutzung.
KPI 7: Anteil automatisierter Verfahren	Die Kennzahl misst den Automatisierungsgrad der Zollabwicklung. Ein höherer Anteil automatisierter Verfahren reduziert manuelle Eingriffe und senkt Fehlerquoten.
KPI 8: Dokumentationsgenauigkeit	Die KPI bewertet, in welchem Umfang zoll- und exportrelevante Unterlagen vollständig, richtig, auffindbar und revisionssicher sind. Sie ist ein direkter Indikator für Auditfähigkeit.
KPI 9: ATLAS-Rückgabequote (Export)	Die Kennzahl misst, wie viele Ausfuhranmeldungen von ATLAS im ersten Schritt zurückgewiesen werden (z. B. wegen formaler oder inhaltlicher Fehler).
KPI 10: Zollvorgänge pro Mitarbeiter	Die Kennzahl zeigt Produktivität und Auslastung des Zollteams. Sehr hohe Werte deuten auf Überlastung oder mangelnde Automation hin, sehr niedrige auf ungenutzte Kapazitäten.
KPI 11: Durchschnittliche Abfertigungsdauer	Die KPI gibt an, wie lange zwischen Anmeldung und Freigabe der Ware vergeht. Lange Zeiten führen zu Lagerkosten, Lieferverzögerungen und Unzufriedenheit bei Kunden.
KPI 12: Automatisierungsgrad Exportfreigabe	Diese Kennzahl zeigt, welcher Anteil der Exportfreigaben ohne manuellen Eingriff durch hinterlegte Regeln, Listen und Risikoklassen erteilt wird.

Tab. 4.8 KPI-Steckbrief 5: Vollständigkeit der Endverbleibserklärungen (EVEs)

KPI	KPI 5: Vollständigkeit der Endverbleibserklärungen (EVEs)
Zweck/Interpretation	Die Kennzahl beantwortet, wie zuverlässig für genehmigungspflichtige oder kritische Ausfuhren eine vollständige Endverbleibserklärung vorliegt. Fehlende oder unvollständige EVEs führen zu Verzögerungen oder Ablehnungen von Genehmigungen.
Formel	(vollständige EVEs/erforderliche EVEs) × 100
Rechts–/Governance-Bezug	Dual-Use-VO, BAFA-Merkblatt Endverbleibsdokumente
Datenquelle	Genehmigungsakten, Dokumentenmanagementsystem, BAFA-Antragsunterlagen.
Datenreife/Komplexität	mittel
Zielwert/Schwelle	> 95 % (als internes Beispiel- oder Planungsziel zu verstehen; final unternehmensspezifisch festlegen)

(Fortsetzung)

Tab. 4.8 (Fortsetzung)

Empfohlene Visualisierung	Fortschrittsbalken/Gauge: aktuelle Vollständigkeitsquote Balkendiagramm: Einteilung nach Ländern/Kunden/ Geschäftsbereichen Trenddiagramm: Entwicklung der Quote Pareto-Diagramm: Hauptursachen für fehlendes EVEs
Zielgruppe/Wirkung	Management: Prozessstabilität Exportkontrolle: Risikoanalyse Vertrieb: Lieferfähigkeit
Audit-Evidenz	Genehmigungsakten, Dokumentenmanagementsystem, BAFA-Antragsunterlagen.; ergänzend Maßnahmenstatus und Wirksamkeitskontrolle bei Abweichungen

Beispiel 480 von 500 EVEs vollständig → 96 %. Vertrieb (Risiko in kritischen Märkten adressieren): Die Gesamtquote der EVEs liegt bei 96 %. Bei Ausfuhren in Hochrisikoländer liegt die Quote jedoch nur bei 88 %. Gerade bei kritischen Exporten kann das Fehlen vollständiger Endverbleibserklärungen zu Ablehnungen oder zusätzlichen Prüfungen führen. Wir empfehlen daher, für Hochrisikomärkte eine verpflichtende Vorprüfung der Endverbleibserklärung einzuführen, bevor ein Auftrag exportseitig freigegeben wird.

Steuerungshinweis Standardisierte EVE-Vorlagen (nach Vorgabe des BAFA), frühzeitige Anforderung im Angebots- oder Bestellprozess und eine zentrale formale Prüfung vor Versandfreigabe erhöhen die Quote. Es empfiehlt sich eine monatliche Auswertung nach Ländern und Kundengruppen.

Weiterführende Analyse Mittel NLP zur Dokumentenprüfung (Vollständigkeit/ Plausibilität), Prognose von Genehmigungsverzögerungen (Tab. 4.9)

Beispiel 950 von 1000 Lieferantenerklärungen fristgerecht → 95 % Strategischer Einkauf (Lieferantenrisiko sichtbar machen): Die Gesamtquote liegt bei 93 %. Bei strategischen Lieferanten liegt die Quote jedoch nur bei 78 %. Ein Ausfall dieser Lieferanten in Bezug auf Dokumente hätte erhebliche Auswirkungen auf die Präferenznutzung. Wir empfehlen daher, strategische Lieferanten gezielt zu priorisieren und deren Dokumentenprozesse gemeinsam zu verbessern. IT (Digitalisierungspotenzial aufzeigen): Die Rücklaufquote liegt aktuell bei 89 %. Ein großer Teil der fehlenden Lieferantenerklärungen entsteht, weil Dokumente manuell per E-Mail angefordert werden. Der manuelle Prozess verursacht zusätzlichen Aufwand und erhöht die Wahrscheinlichkeit verspäteter Rückmeldungen. Wir empfehlen daher, ein elektronisches Lieferantenportal einzuführen, damit Lieferantenerklärungen standardisiert angefordert werden können.

Tab. 4.9 KPI-Steckbrief 6: Rücklaufquote Lieferantenerklärungen

KPI	KPI 6: Rücklaufquote Lieferantenerklärungen
Zweck/ Interpretation	Die Kennzahl zeigt, wie zuverlässig Lieferanten angeforderte Lieferantenerklärungen rechtzeitig zurücksenden. Eine niedrige Quote gefährdet die Präferenznutzung, kann zu Nachverzollung und Wettbewerbsnachteilen führen.
Formel	(fristgerechte Rückläufe/angeforderte Erklärungen) × 100
Rechts–/ Governance-Bezug	UZK, Delegierte VO 2015/2446 und DurchführungsVO 2015/2447 (Präferenznachweise).
Datenquelle	Ursprungs-/Präferenzmodul (z. B. in SAP GTS), Lieferantenportal, Tabellenübersichten.
Datenreife/ Komplexität	mittel
Zielwert/ Schwelle	> 90 % (als internes Beispiel- oder Planungsziel zu verstehen; final unternehmensspezifisch festlegen)
Empfohlene Visualisierung	Fortschrittsbalken/Gauge: aktuelle Rücklaufquote Trenddiagramm: Wirkung von Verbesserungsmaßnahmen/Stabilität der Lieferantenprozesse Pareto-Diagram: Lieferantenranking
Zielgruppe/ Wirkung	Management: Lieferkettenstabilität, Nutzung von Präferenzvorteilen (finanz. Auswirkung) Einkauf: Lieferantenperformance, Vertragsmanagement Zoll: Präferenzfähigkeit von Waren, Dokumentationsqualität Finance: Zollkosten vs. Einsparpotenziale
Audit-Evidenz	Ursprungs-/Präferenzmodul (z. B. in SAP GTS), Lieferantenportal, Tabellenübersichten.; ergänzend Maßnahmenstatus und Wirksamkeitskontrolle bei Abweichungen

Steuerungshinweis Elektronische Rückfrageprozesse, automatische Erinnerungen, SLA-Regelungen im Einkauf sowie eine Klassifizierung der Lieferanten nach Zuverlässigkeit sind wirkungsvolle Maßnahmen. Ein Lieferantenranking anhand dieser KPI unterstützt strategische Entscheidungen im Einkauf.

Weiterführende Analyse Mittel bis hoch, Risikobewertung von Lieferanten unter Einbindung von Trade Content (hoch): Präferenzpotential-Analysen (Wo verliefern wir Geld?), Marktsimulation/Trade Strategy Analycis (alternative Beschaffungsmärkte), Frühwarnsystem für Präferenzverluste (Tab. 4.10)

Beispiel 7000 von 10.000 Anmeldungen vollautomatisiert → 70 % Management und Finance (Skalierbarkeit durch Digitalisierung aufzeigen): Der Automatisierungsgrad liegt bei 75 %. Der Großteil der Exportvorgänge kann automatisiert abgewickelt werden. Dadurch kann das Unternehmen steigende Exportvolumen bewältigen, ohne proportional mehr Personal aufzubauen. Die Automatisierungsstrategie sollte daher weiter ausgebaut werden, um zukünftiges Wachstum effizient zu unterstützen. Management und Zoll

Tab. 4.10 KPI-Steckbrief 7: Anteil automatisierter Verfahren

KPI	KPI 7: Anteil automatisierter Verfahren
Zweck/ Interpretation	Die Kennzahl misst den Automatisierungsgrad der Zollabwicklung. Ein höherer Anteil automatisierter Verfahren reduziert manuelle Eingriffe, senkt Fehlerquoten und beschleunigt die Abfertigung.
Formel	(vollautomatisierte Zollanmeldungen/Gesamtanzahl Anmeldungen) × 100
Rechts–/ Governance-Bezug	Art. 6, 38, 39 UZK (elektronische Zollabwicklung, Bewilligungen, AEO-Kriterien).
Datenquelle	
Datenreife/ Komplexität	mittel/hoch
Zielwert/Schwelle	> 70 % (als internes Beispiel- oder Planungsziel zu verstehen; final unternehmensspezifisch festlegen)
Empfohlene Visualisierung	Balkendiagramm: Automatisierungsgrad je Standort oder Geschäftsbereich Trenddiagramm: Entwicklung und Fortschritt der Digitalisierung. Pareto-Diagramm: Ursachenanalyse für manuelle Vorgänge (Stammdaten, neue Produkte, Special Procedures)
Zielgruppe/ Wirkung	Management: Effizienz der Zollorganisation, Skalierbarkeit des Außenhandels. Einkauf: Lieferantenperformance, Vertragsmanagement Zoll: Prozessqualität Finance: Prozesskosten vs. Automatisierungspotenziale IT: Systemintegration
Audit-Evidenz	dokumentierte Auswertung und Maßnahmenhistorie; ergänzend Maßnahmenstatus und Wirksamkeitskontrolle bei Abweichungen

(Standortvergleich für Automatisierung nutzen): Der Automatisierungsgrad liegt im Werk A bei 78 %, im Werk C jedoch nur bei 48 %. Die Warengruppen sind sich sehr ähnlich, allerdings entstehen die Unterschiede vor allem durch die abweichende Stammdatenqualität und Prozessregeln. Dadurch entstehen unterschiedliche Bearbeitungszeiten und Prozesskosten. Wir empfehlen, die erfolgreichen Prozessregeln aus Werk A auf andere Standorte zu übertragen.

Steuerungshinweis Standardisierung von Stamm- und Bewegungsdaten, feste Prozessregeln, enge IT-Integration (ERP ↔ GTS ↔ ATLAS) und iterative Regeloptimierung sind zentrale Hebel. Im Dashboard bietet sich ein Trenddiagramm über mehrere Jahre an. (Für die operative Steuerung empfiehlt sich ein monatliches Reporting, Management ein quartalsweises Reporting und Digitalisierungsprogramme halbjährliches Reporting)

Weiterführende Analyse Sehr hoch, Process Mining: Wo ist Automatisierung möglich?, Anomalieerkennung: systematische Prozessprobleme, Simulation von Automatisierungspotenzial (Tab. 4.11)

Tab. 4.11 KPI-Steckbrief 8: Dokumentationsgenauigkeit

KPI	KPI 8: Dokumentationsgenauigkeit
Zweck/ Interpretation	Die KPI bewertet, in welchem Umfang zoll- und exportrelevante Unterlagen vollständig, richtig, auffindbar und revisionssicher sind. Sie ist ein direkter Indikator für Auditfähigkeit und AEO-/ICP-Reife.
Formel	(korrekte Dokumentationen/geprüfte Vorgänge) × 100
Rechts–/ Governance-Bezug	Art. 15, 163 UZK (richtige Angaben, Aufbewahrungspflichten); BAFA-Merkblatt Firmeninterne Exportkontrolle, Abschn. 2.6.
Datenquelle	Archiv- und DMS-System, Stichprobenprotokolle, interne Audits.
Datenreife/ Komplexität	mittel
Zielwert/Schwelle	> 98 % (als internes Beispiel- oder Planungsziel zu verstehen; final unternehmensspezifisch festlegen)
Empfohlene Visualisierung	KPI-Kachel/Ampeldarstellung: schnelle Managementübersicht Trenddiagramm: Verbesserung der Dokumentationsprozesse sichtbar machen Pareto-Diagramm: Ursachenanalyse, gezielte Prozessverbesserung
Zielgruppe/ Wirkung	Management: Compliance-Risiko Exportkontrolle: Dokumentationsstandards, Prüfprozesse Behörden: Einhaltung von Dokumentationspflichten
Audit-Evidenz	Archiv- und DMS-System, Stichprobenprotokolle, interne Audits.; ergänzend Maßnahmenstatus und Wirksamkeitskontrolle bei Abweichungen

Beispiel 980 von 1000 geprüft → 98 % Exportkontrolle und IT-Strategie (Digitalisierungspotenzial aufzeigen): Die Dokumentationsgenauigkeit liegt bei 95 %. Ein Großteil der fehlenden Dokumentationen entsteht durch manuelle Ablageprozesse. Dies erhöht das Risiko von Ablagefehlern und erschwert die Auffindbarkeit von Dokumenten. Wir empfehlen daher, die Archivierung exportrelevanter Dokumente stärker zu automatisieren und direkt aus ERP- und Exportkontrollsystemen anzustoßen. Management und Exportkontrolle (Risiko im Audit sichtbar machen): Die Dokumentationsgenauigkeit liegt aktuell bei 94 % und damit deutlich unter dem Zielwert von 98 %. Die meisten Abweichungen betreffen fehlende Referenzdokumente bei Exportfreigaben. Im Falle einer Behördenprüfung könnte die Nachvollziehbarkeit einzelner Entscheidungen eingeschränkt sein. Wir empfehlen daher, die Dokumentationsanforderungen im Exportfreigabeprozess klarer zu definieren und die automatische Archivierung relevanter Dokumente zu erweitern.

Steuerungshinweis Klare Ablagestrukturen, einheitliche Dateibenennung, automatisierte Archivierung aus ERP/GTS sowie regelmäßige Stichprobenprüfungen verbessern die Kennzahl nachhaltig.

Weiterführende Analyse Mittel Document AI: automatische Zuordnung von Dokumenten zu Vorgängen, Vollständigkeitsprüfung mit KI: fehlende Dokumente und Referenzen, falsche Angaben, Audit-Readyness: Analyse großer Dokumentenmengen für Audits (Tab. 4.12)

Tab. 4.12 KPI-Steckbrief 9: ATLAS-Rückgabequote (Export)

KPI	KPI 9: ATLAS-Rückgabequote (Export)
Zweck/ Interpretation	Die Kennzahl misst, wie viele Ausfuhranmeldungen von ATLAS im ersten Schritt zurückgewiesen werden (z. B. wegen formaler oder inhaltlicher Fehler). Eine hohe Quote verursacht Verzögerungen und bindet Ressourcen in der Nachbearbeitung.
Formel	(Fehlermeldungen/Gesamtanzahl Ausfuhranmeldungen) × 100
Rechts–/ Governance-Bezug	Art. 15 UZK (vollständige und richtige Anmeldung).
Datenquelle	ATLAS-Statistiken, Zollsoftware-Logs, Ausfuhrarchiv.
Datenreife/ Komplexität	gering/mittel
Zielwert/ Schwelle	< 1,5 % (als internes Beispiel- oder Planungsziel zu verstehen; final unternehmensspezifisch festlegen)
Empfohlene Visualisierung	Boxplot: Effizienz der Abwicklung Trenddiagramm: Wirkung von Verbesserungsmaßnahmen/Stabilität der Lieferantenprozesse Pareto-Diagram: Lieferantenranking
Zielgruppe/ Wirkung	Management: Effizienz der Exportabwicklung Stammdatenmanagement: Datenqualität Zoll: Fehlerursachen
Audit-Evidenz	ATLAS-Statistiken, Zollsoftware-Logs, Ausfuhrarchiv.; ergänzend Maßnahmenstatus und Wirksamkeitskontrolle bei Abweichungen

Beispiel 30 Rückgaben bei 1500 Anmeldungen → 2 % Stammdatenpflege (Stammdatenproblem sichtbar machen): Die ATLAS-Rückgabequote ist im letzten Quartal von 1,2 % auf 2,0 % gestiegen. Die Analyse zeigt, dass mehr als 60 % der Rückgaben auf fehlerhaften Warennummern zurückzuführen sind. Dies führt zu zusätzlichem Bearbeitungsaufwand im Exportteam und zu Verzögerungen in der Exportabwicklung. Wir empfehlen daher, die Pflege der Warennummern im Stammdatensystem zu priorisieren und mit Tarifierungssystemen zu integrieren.

Steuerungshinweis Verbesserte Plausibilitätsprüfungen im Vorsystem, Schulung der Sachbearbeiter, Nutzung von Stammdatensätzen und regelmäßige Fehleranalysen (Top-Fehlercodes) sind zentrale Maßnahmen.

Weiterführende Analyse Sehr hoch, Process Mining: wo im Prozess die meisten Fehler entstehen und welche Schritte verbessert werden können, Anomalieerkennung: ansteigende Fehler bei bestimmten Produkten, Fehlerprognosen: besonders anfällige Sendungen und Stammdaten, die Probleme verursachen (ML) (Tab. 4.13)

Tab. 4.13 KPI-Steckbrief 10: Zollvorgänge pro Mitarbeiter

KPI	KPI 10: Zollvorgänge pro Mitarbeiter
Zweck/Interpretation	Die Kennzahl zeigt Produktivität und Auslastung des Zollteams. Sehr hohe Werte deuten auf Überlastung oder mangelnde Automation hin, sehr niedrige auf ungenutzte Kapazitäten oder ineffiziente Aufgabenverteilung.
Formel	(Gesamtanzahl Zollanmeldungen/Anzahl FTE im Zollbereich)
Rechts–/Governance-Bezug	Art. 39 lit. b) UZK (Kontrolle der Tätigkeiten und der Warenbewegung); AEO-Kriterien.
Datenquelle	Zoll-/GTS-System, HR-/FTE-Planung.
Datenreife/ Komplexität	niedrig
Zielwert/Schwelle	1000–1500 Vorgänge pro FTE und Jahr
Empfohlene Visualisierung	Zeitreihe: Produktivitätsentwicklung über die Jahre. Balkendiagramm: Vergleich nach Standorten/Teams Scatterplot: Automatisierungsgrad vs. Vorgänge je FTE (Zusammenhang zwischen Digitalisierung und Produktivität zeigen)
Zielgruppe/Wirkung	Management: Effizienz der Zollorganisation Zoll: Grundumsatz/Arbeitsbelastung HR: Kapazitätsplanung IT/Digitalisierung: Automatisierungspotenzial
Audit-Evidenz	Zoll-/GTS-System, HR-/FTE-Planung.; ergänzend Maßnahmenstatus und Wirksamkeitskontrolle bei Abweichungen

Beispiel 1500 Vorgänge bei 1 FTE → 1500/FTE Management (Effizienzsteigerung zeigen): Die Anzahl der Zollvorgänge pro Mitarbeiter ist im letzten Jahr von 1200 auf 1450 gestiegen. Die Produktivitätssteigerung ist vor allem auf einen höheren Automatisierungsgrad in der Zollabwicklung zurückzuführen. Das Unternehmen kann steigende Exportvolumen bewältigen, ohne proportional mehr Personal aufzubauen. Die Automatisierungsstrategie sollte daher weiter ausgebaut werden. Zoll (Ineffiziente Prozesse aufzeigen): Der Standort B bearbeitet durchschnittlich 900 Zollvorgänge pro Mitarbeiter, während andere Standorte bei über 1300 liegen. Die Unterschiede sind vor allem auf geringere Automatisierung und komplexere Prozessabläufe zurückzuführen. Dadurch entstehen höhere Prozesskosten und längere Bearbeitungszeiten. Wir empfehlen, die Prozessstruktur in diesem Bereich zu analysieren und erfolgreiche Praktiken aus anderen Standorten zu übernehmen.

Steuerungshinweis Sie eignet sich gut für Ressourcenplanung, Outsourcing-Entscheidungen und die Begründung von Stellenplänen gegenüber dem Management. Wichtig ist, die KPI im Zusammenhang mit Automatisierungsgrad und Fehlerquoten zu lesen.

Weiterführende Analyse Mittel, Workload-Prognosen: z. B. auf Basis von saisonalen Mustern, Prozesskomplexitätsanalyse: Vorgänge mit besonders viel Bearbeitungszeit (Tab. 4.14)

Tab. 4.14 KPI-Steckbrief 11: Durchschnittliche Abfertigungsdauer

KPI	KPI 11: Durchschnittliche Abfertigungsdauer
Zweck/Interpretation	Die KPI gibt an, wie lange zwischen Anmeldung und Freigabe der Ware vergeht. Lange Zeiten führen zu Lagerkosten, Lieferverzögerungen und Unzufriedenheit bei Kunden.
Formel	(Summe der Abfertigungsdauer/Anzahl Zollanmeldungen)
Rechts–/ Governance-Bezug	Art. 194 UZK (Überlassung der Waren); WTO-Trade-Facilitation-Agreement und WCO-Empfehlungen zu Clearance-Time-KPIs.
Datenquelle	GTS–/Zollsystem, Statuszeiten aus ATLAS, ggf. Zeitstempel im TMS.
Datenreife/ Komplexität	mittel
Zielwert/Schwelle	< 24 h (Import), < 2 h (Export) – abhängig von Warenart und Verfahren.
Empfohlene Visualisierung	Zeitreihe: Entwicklung der Prozessgeschwindigkeit Histogramm/Boxplot: Verteilung der Abfertigungszeiten Balkendiagramm/Stacked: Standortvergleich Import/Export
Zielgruppe/Wirkung	Management: Lieferkettenperformance, Wettbewerbsfähigkeit (Beeinflussen Zollprozesse unsere Lieferzeiten?) Supply Chain/Logistik: Durchlaufzeiten vs. Verzögerungen Zoll: Zollprozessqualität
Audit-Evidenz	GTS–/Zollsystem, Statuszeiten aus ATLAS, ggf. Zeitstempel im TMS.; ergänzend Maßnahmenstatus und Wirksamkeitskontrolle bei Abweichungen

Beispiel Ø 20 h für Importabfertigung Supply-Chain/Logistik (Auswirkungen aufzeigen): Die durchschnittliche Abfertigungsdauer ist von 19 h auf 24 h gestiegen. Der Anstieg fällt zeitlich mit der legalen Einführung neuer Dokumentationsanforderungen zusammen. Die verlängerten Abfertigungszeiten wirken sich direkt auf die Lieferzeiten für Kunden aus. Wir empfehlen daher, die neuen Dokumentationsprozess zu überprüfen und stärker zu automatisieren.

Steuerungshinweis Vorabanmeldungen, Nutzung vereinfachter Verfahren, Qualität der Unterlagen sowie Abstimmung mit Spedition und Zollbehörden sind zentrale Stellhebel. Im Reporting empfiehlt sich die Trennung nach Import/Export und nach Standort. (Reporting-Frequenz für Operatives Monitoring und Supply-Chain-Steuerung bei einem Monta, Managementreporting quartalsweise empfohlen).

Weiterführende Analyse Hoch, Prognose von Abfertigungszeiten: und welche Sendungen Verzögerungsrisiko haben, Anomalieerkennung: Probleme bei bestimmten Waren oder Ländern, Einflussanalyse: Welche Faktoren verlängern die Abfertigungsdauer? (Warenströme, Routen, Warengruppen, Dokumentation, usw.), Supply-Chain-Simulation: Auswirkungen neuer Zollverfahren, Auswirkungen steigender Import- oder Exportvolumen (Tab. 4.15)

Tab. 4.15 KPI-Steckbrief 12: Automatisierungsgrad Exportfreigabe

KPI	KPI 12: Automatisierungsgrad Exportfreigabe
Zweck/ Interpretation	Diese Kennzahl zeigt, welcher Anteil der Exportfreigaben ohne manuellen Eingriff durch hinterlegte Regeln, Listen und Risikoklassen erteilt wird. Ein hoher Automatisierungsgrad reduziert Bearbeitungszeiten und macht Entscheidungen konsistenter.
Formel	(automatisierte Freigaben/Gesamtfreigaben) × 100Rechtsbezug Art. 6 UZK (elektronische Verfahren); BAFA-Merkblatt Firmeninterne Exportkontrolle, Abschn. 2.4.2
Rechts–/ Governance-Bezug	
Datenquelle	Exportkontroll-/Screening-System, ERP-Logs.
Datenreife/ Komplexität	mittel
Zielwert/ Schwelle	> 70 % (als internes Beispiel- oder Planungsziel zu verstehen; final unternehmensspezifisch festlegen)
Empfohlene Visualisierung	Balkendiagramm Stacked: Automatisierungsgrad (Automatisiert vs. Manuell) Trenddiagramm: Wirkung der Digitalisierung Marktsegmentierungscharts: Balance zwischen Automatisierung und Risikosteuerung (Automatisierungsgrad je Risikoklasse) Preto-Diagramm: Top n Ursachen für manuelle Freigaben
Zielgruppe/ Wirkung	Management: Skalierbarkeit der Exportkontrolle Exportkontrolle: Stabilität der Freigabeprozesse Supply Chain/Vertrieb: Bearbeitungszeiten, Liefergeschwindigkeiten
Audit-Evidenz	Exportkontroll-/Screening-System, ERP-Logs.; ergänzend Maßnahmenstatus und Wirksamkeitskontrolle bei Abweichungen

Beispiel 1400 von 2000 Freigaben automatisiert → 70 % Management und Exportkontrolle (Regulatorische Änderungen und fehlende Automatisierung aufzeigen): Der Automatisierungsgrad der Exportfreigaben ist im letzten Quartal von 68 % auf 54 % gesunken. Der Rückgang steht im Zusammenhang mit neuen regulatorischen Anforderungen im Exportkontrollrecht, insbesondere erweiterten Prüfpflichten für bestimmte Güter und Länder. Diese Änderungen sin derzeit noch nicht vollständig in den Entscheidungsregeln des Exportkontrollsystems abgebildet. Dadurch müssen deutlich mehr Exportfreigaben manuell geprüft werden, was zu längeren Bearbeitungszeiten und höherem Arbeitsaufwand im Exportkontrollteam führt. Wir empfehlen daher, die neuen regulatorischen Anforderungen systematisch in die bestehenden Prüfregeln zu integrieren und die Automatisierungslogik anzupassen. Dadurch kann der Automatisierunggrad wieder stabilisiert werden, ohne die notwendige Risikosteuerung zu gefährden. IT (Digitalisierungspotenzial aufzeigen): Die Rücklaufquote liegt aktuell bei 89 %. Ein großer Teil der fehlenden Lieferantenerklärungen entsteht, weil Dokumente manuell per E-Mail angefordert werden. Der manuelle Prozess verursacht zusätzlichen Aufwand und erhöht die Wahrscheinlichkeit verspäteter Rückmeldungen. Wir empfehlen daher, ein elektronisches Lieferantenportal einzuführen, damit Lieferantenerklärungen standardisiert angefordert werden können.

Steuerungshinweis Zentrale Maßnahmen sind die Pflege von Stammdaten, die Definition von Entscheidungslogiken (z. B. nach Länderrisiko, Güterklasse, Kundenrating) und eine regelmäßige Überprüfung der False-Positive-Quote.

Weiterführende Analyse Sehr hoch, False-Positive-Analyse im Screening, Entscheidungsunterstützung: Welche Fälle werden regelmäßig manuell freigegeben?, Mustererkennung für Risikoanalyse: Kunden, Länder, Güter, Routen, Transaktionsmuster usw. Process-Mining: welche Freigaben dauern besonders lange und warum?

4.3 Rechtssicherheit und Compliance

▶ Die Perspektive ist nur dann vollständig steuerbar, wenn Management-Kennzahlen, operative Steuerungskennzahlen und Analyse-Kennzahlen miteinander verbunden werden. (Tab. 4.16 und 4.17)

Tab. 4.16 KPIs dieser Perspektive

KPI	Steuerungsfrage/Kernaussage
KPI 13: Anzahl Compliance-Vorfälle/Selbstanzeigen	Die Kennzahl dient als Frühindikator für Verstöße oder Verdachtsfälle. Ein sprunghafter Anstieg ist ein Warnsignal für Lücken im ICP, unzureichende Schulung oder Prozessschwächen.
KPI 14: Quote korrekt klassifizierter Güter	Die KPI misst die Qualität der Zolltarifierung. Falschklassifizierungen führen zu falschen Abgabensätzen, Genehmigungspflichten oder statistischen Fehlmeldungen und können Bußgelder nach sich ziehen.
KPI 15: Anzahl Zolltarifänderungen mit Relevanz	Die Kennzahl macht sichtbar, wie häufig für das eigene Warenspektrum relevante Zolltarifänderungen auftreten und verarbeitet werden müssen. Sie signalisiert den Anpassungsbedarf.
KPI 16: Konsistenzquote bei Ursprungserklärungen	Die KPI misst, in welcher Qualität Ursprungserklärungen (z. B. auf Rechnungen, Lieferantenerklärungen, EUR.1) erstellt bzw. genutzt werden.
KPI 17: Fehlerquote bei Zollanmeldungen	Die KPI zeigt, in welchem Umfang Anmeldungen durch Zoll oder interne Kontrollen beanstandet werden. Wiederkehrende Fehler weisen auf systematische Probleme (Stammdaten, Prozesse, ...).
KPI 18: Rückgabequote (ATLAS)	Die Kennzahl fokussiert auf die Anzahl der Anmeldungen, die durch ATLAS nicht akzeptiert werden und erneut eingereicht werden müssen. Sie ergänzt die Fehlerquote.
KPI 19: Trefferquote bei Sanktionslistenprüfungen	Die Kennzahl misst, wie viele Prüfungen zu einem Treffer (potenzieller Sanktionsverstoß) führen. Eine extrem hohe Quote deutet auf unzureichendes Matching hin.
KPI 20: Quote genehmigungspflichtiger Ausfuhren	Die KPI spiegelt wider, wie groß der Anteil genehmigungspflichtiger Vorgänge am Gesamtgeschäft ist. Sie beschreibt damit indirekt das Risikoprofil des Unternehmens.

Tab. 4.17 KPI-Steckbrief 13: Anzahl Compliance-Vorfälle/Selbstanzeigen

KPI	KPI 13: Anzahl Compliance-Vorfälle/Selbstanzeigen
Zweck/ Interpretation	Die Kennzahl dient als Frühindikator für Verstöße oder Verdachtsfälle. Ein sprunghafter Anstieg ist ein Warnsignal für Lücken im ICP, unzureichende Schulung oder Prozessschwächen.
Formel	absolute Anzahl oder je 1000 Ausfuhren
Rechts–/ Governance-Bezug	§ 22 AWG (Selbstanzeige), BAFA-Leitlinien, ICP-Anforderungen.
Datenquelle	Compliance-/Rechtsabteilung, Melderegister, Behördenkorrespondenz.
Datenreife/ Komplexität	mittel
Zielwert/Schwelle	< 0,5 pro 1000 Ausfuhren (Richtwert, abhängig vom Risikoprofil).
Empfohlene Visualisierung	Balkendiagramm Stacked: Automatisierungsgrad (Automatisiert vs. Manuell) Trenddiagramm: Vorfälle je x Exporte (das Unternehmenswachstum berücksichtigend) Prozesssegmentierung: Risikobereiche identifizieren. Preto-Diagramm: Top n Ursachen für Compliance-Vorfälle
Zielgruppe/ Wirkung	Management: Risikomanagement Compliance/Exportkontrolle: ICP-Wirksamkeit, Ursachenanalyse, Prozessverbesserung
Audit-Evidenz	Compliance-/Rechtsabteilung, Melderegister, Behördenkorrespondenz.; ergänzend Maßnahmenstatus und Wirksamkeitskontrolle bei Abweichungen

Beispiel 3 Selbstanzeigen bei 9000 Ausfuhren → 0,33 pro 1000 Compliance (Anstieg der Compliance-Fälle durch verbesserte Transparenz): Die Anzahl der gemeldeten Compliance-Vorfälle ist im letzten Jahr leicht gestiegen. Der Anstieg steht vor allem im Zusammenhang mit der Einführung eines neuen Meldesystems für Compliance-Vorfälle. Die höhere Zahl von Meldungen zeigt, dass potenzielle Probleme früher erkannt und systematisch dokumentiert werden. Diese Entwicklung sollte als Zeichen einer verbesserten Compliance-Kultur verstanden werden. Exportkontrolle/Compliance/HR (Risikoprofil erklären): Die Compliance-Vorfälle konzentrieren sich stark auf bestimmte Produktgruppen. Diese Produkte unterliegen komplexeren Exportkontrollregeln. Das Risikoprofil des Unternehmens ist stark produktabhängig. Wir empfehlen daher, diese Produktgruppen stärker in Schulungen und Prüfprozessen zu berücksichtigen.

Steuerungshinweis Ergänzend zur absoluten Zahl sollte immer geprüft werden, ob der Anstieg auf mehr Transparenz (bessere Meldekultur) oder auf tatsächliche Risikozunahme zurückzuführen ist. Maßnahmen reichen von gezielten Schulungen bis zur Anpassung von Genehmigungsprozessen. (Reporting-Frequenz für Operative Teams quartalsweise, Management halbjährlich. Interessant ist es bei Behörden und Audits: ad-hoc! – und ad-hoc ist gar nicht so einfach bei vernachlässigter Datenreife).

Weiterführende Analyse Mittel, Risikomusteranalyse: nach Ländern, Kunden und Produkten„Compliance-Risikoprofile: Welche Kombinationen führen häufiger zu Problemen? (Tab. 4.18)

Beispiel 950 von 1000 Tarifierungen korrekt → 95 % Produktmanagement (Prozessproblem hervorheben): Die Mehrheit der Klassifizierungsfehler betrifft neu eingeführte Produkte. Für neue Produkte fehlen häufig ausreichend detaillierte technische Informationen. Dies erschwert eine präzise tarifliche Einordnung. Wir empfehlen daher, die Tarifierung stärker in den Produktentwicklungsprozess zu integrieren. Management (Digitalisierung argumentieren). Ein Großteil der Klassifizierungsfehler entsteht bei Produkten mit komplexen technischen Beschreibungen. Die manuelle Tarifierung dieser Produkte ist fehleranfällig. Dies führt zu zusätzlichem Prüfaufwand und erhöhtem Compliance-Risiko. Wir empfehlen daher, KI-gestützte Klassifizierungssysteme einzusetzen, die Produktbeschreibungen und -merkmale automatisch analysieren können.

Steuerungshinweis Der Aufbau eines zentralen Tarifierungs-Teams oder -Kompetenzzentrums, Nutzung spezialisierter Software und ein definierter Review-Zyklus für kritische Warennummern sind typische Maßnahmen.

Tab. 4.18 KPI-Steckbrief 14: Quote korrekt klassifizierter Güter

KPI	KPI 14: Quote korrekt klassifizierter Güter
Zweck/ Interpretation	Die KPI misst die Qualität der Zolltarifierung. Falschklassifizierungen führen zu falschen Abgabensätzen, Genehmigungspflichten oder statistischen Fehlmeldungen und können Bußgelder auslösen.
Formel	(korrekte Zolltarifnummern/geprüfte Nummern) × 100
Rechts–/ Governance-Bezug	Art. 15 UZK
Datenquelle	GTS–/Zollsystem, ERP-Stammdaten
Datenreife/ Komplexität	mittel (schwer bei verteilten Systemen)
Zielwert/Schwelle	> 95 % (als internes Beispiel- oder Planungsziel zu verstehen; final unternehmensspezifisch festlegen)
Empfohlene Visualisierung	KPI-Kachel/Ampeldarstellung: Klassifizierungsquote Zeitreihe: Verbesserungen der Klassifizierungsqualität sichtbar machen. Prozesssegmentierung: Risikobereiche identifizieren. Pareto-Diagramm: kritische Produktbereiche identifizieren.
Zielgruppe/ Wirkung	Management: Finanzielles Risiko (Zuverlässigkeit der Außenhandelsstammdaten) Zoll/Exportkontrolle: Klassifizierungsqualität Produktmanagement: Qualität der Produktinformationen
Audit-Evidenz	GTS–/Zollsystem, ERP-Stammdaten; ergänzend Maßnahmenstatus und Wirksamkeitskontrolle bei Abweichungen

Weiterführende Analyse Sehr hoch, KI-gestützte Tarifierung, NLP-Analyse von Produktdaten: techn. Dokumente analysieren, relevante Merkmale extrahieren, Klassifizierungsrisiko-Analyse: Welche Produkte sind besonders fehleranfällig? (ML), Klassifizierungskonsistenz: ähnliche Produkte vs. ähnliche Klassifizierungen. (Tab. 4.19)

Beispiel 37 relevante Änderungen im Jahr Management/IT (Regulatorische Dynamik argumentieren): Im vergangenen Jahr wurden 37 Zolltarifänderungen identifiziert, die unseren Warenstamm betreffen. Die Anzahl relevanter Änderungen ist deutlich höher als in den Vorjahren. Die zunehmende Dynamik im internationalen Handel erhöht den Anpassungsbedarf für Stammdaten und Zollprozesse. Wir empfehlen daher, das Monitoring regulatorischer Änderungen weiter zu automatisieren und die Tarifpflege stärker zu systematisieren Einkauf (strategische Auswirkungen bei Nicht-Einbindung von Zoll und Trade Compliance): Mehrere Tarifänderungen betreffen zentrale Produkte des Unternehmens. Die Änderungen führen zu unterschiedlichen Zollbelastungen in verschiedenen Märkten. Dies

Tab. 4.19 KPI-Steckbrief 15: Anzahl Zolltarifänderungen mit Relevanz

KPI	KPI 15: Anzahl Zolltarifänderungen mit Relevanz
Zweck/ Interpretation	Die Kennzahl macht sichtbar, wie häufig für das eigene Warenspektrum relevante Zolltarifänderungen auftreten und verarbeitet werden müssen. Sie signalisiert den Anpassungsbedarf in Stammdaten, IT-Systemen und Prozessen.
Formel	absolute Anzahl
Rechts–/ Governance-Bezug	UZK, TARIC-/HS-Änderungen.
Datenquelle	TARIC–/Zolltarif-Updates, interne Change-Logs.GTS–/Zollsystem, ERP-Stammdaten
Datenreife/ Komplexität	mittel (schwer bei verteilten Systemen)
Zielwert/ Schwelle	individuell
Empfohlene Visualisierung	Zeitreihe: Tarifierungsdynamik sichtbar machen (Änderungen je Periode). Balkendiagramm: Aufteilung nach Art der regulatorischen Veränderungen erkennen vs. Produkt- und Prozessveränderungen. Pareto-Diagramm: Chance-Prozesse visualisieren (Persistente Änderungen aufgrund regulatorischer Veränderungen vs. Neue Produkte/Prozesse vs. Outlier im Tarifierungsprozess)
Zielgruppe/ Wirkung	Management: regulatorische Risiken/Resilienz (Anpassungsaufwand) Zoll/Trade Compliance: Tarifierungsqualität IT/Stammdatenmanagement: Systemanpassungen, Qualität der Datenpflege
Audit-Evidenz	TARIC–/Zolltarif-Updates, interne Change-Logs.GTS–/Zollsystem, ERP-Stammdaten; ergänzend Maßnahmenstatus und Wirksamkeitskontrolle bei Abweichungen

kann Auswirkungen auf Preisgestaltung und Lieferkettenentscheidungen haben. Wir empfehlen daher, die Änderungen frühzeitig in die strategische Einkaufsplanung einzubeziehen.

Steuerungshinweis Ein definierter Tarif-Change-Prozess (Monitoring, Impact-Analyse, Umsetzung, Kommunikation) ist entscheidend. Die KPI unterstützt die Priorisierung von Änderungsprojekten.

Weiterführende Analyse Sehr hoch, KI-gestützte Tarifierung, Automatisches Monitoring regulatorischer Änderungen, Impact-Analyse auf Produktportfolio: Welche Produkte und Handelsströme sind betroffen? Markt- und Zollszenario-Simulation: Importkosten, Lieferketten, Wettbewerbsfähigkeit (Tab. 4.20)

Beispiel 970 von 1000 Erklärungen korrekt → 97 % Einkauf (Lieferkettensteuerung nutzen): Die Analyse zeigt, dass einige Lieferanten regelmäßig inkonsistente Ursprungsinformationen liefern. Die Qualität der Präferenzdaten hängt stark von der Zuverlässigkeit

Tab. 4.20 KPI-Steckbrief 16: Konsistenzquote bei Ursprungserklärungen

KPI	KPI 16: Konsistenzquote bei Ursprungserklärungen
Zweck/ Interpretation	Die KPI misst, in welcher Qualität Ursprungserklärungen (z. B. auf Rechnungen, Lieferantenerklärungen, EUR.1) erstellt bzw. genutzt werden. Inkonsistenzen gefährden Präferenzansprüche und können zu Nachforderungen führen.
Formel	(korrekte Erklärungen/Gesamtzahl) × 100
Rechts–/ Governance-Bezug	Präferenzabkommen, UZK, DurchführungsVO
Datenquelle	Ursprungsdatenbank, Stichprobenkontrollen, Rückmeldungen von Zoll und Kunden.
Datenreife/ Komplexität	mittel (schwer bei verteilten Systemen)
Zielwert/ Schwelle	> 97 % (als internes Beispiel- oder Planungsziel zu verstehen; final unternehmensspezifisch festlegen)
Empfohlene Visualisierung	KPI-Kachel: Konsistenzquote Zeitreihe: Verbesserung der Präferenzprozesse über die Zeit sichtbar machen. Pareto-Diagramm: Lieferantenanalyse nach Konsistenzquote und kritische Lieferanten erkennen.
Zielgruppe/ Wirkung	Management: finanzielle Risiken Zoll/Trade Compliance: Qualität der Präferenzprozesse Einkauf: Zuverlässigkeit der Lieferanten Behörden/Audit: Nachweisfähigkeit von Präferenzansprüchen
Audit-Evidenz	Ursprungsdatenbank, Stichprobenkontrollen, Rückmeldungen von Zoll und Kunden.; ergänzend Maßnahmenstatus und Wirksamkeitskontrolle bei Abweichungen

einzelner Lieferanten ab. Dies kann die Nutzung von Präferenzabkommen einschränkten. Wir empfehlen daher, diese Lieferanten stärker in das Präferenzmanagement einzubeziehen und das Präferenzmanagement allgemein in unser Supplier Performance Benchmarking für Produkte mit hohem Volumen aufzunehmen. Management/Vertrieb (Prozessverbesserung durch Digitalisierung argumentieren): Ein Großteil der Inkonsistenzen entsteht durch manuelle Erstellung von Ursprungserklärungen. Manuelle Prozesse erhöhen das Risiko formaler Fehler. Dies kann zu Beanstandungen durch Kunden oder Zollbehörden führen. Wir empfehlen daher, Ursprungserklärungen systemgestützt automatisch zu generieren.

Steuerungshinweis Klare Arbeitsanweisungen, Schulungen, automatisierte Formulargenerierung sowie eine systematische Lieferantenprüfung erhöhen die Konsistenz.

Weiterführende Analyse Mittel bis hoch, Präferenzrisiko-Analyse: besonders anfällige Produkte und/oder Lieferketten. Lieferantenrisiko: Für die Wertschöpfung relevante Lieferanten mit mäßigen bis inkonsistenten Angaben, KI-Dokumentenprüfung: Vollständigkeit von Lieferantenerklärungen Präferenzrisikosimulation, Welche Auswirkungen haben Inkonsistenzen auf Zollkosten und Lieferentscheidungen? (Tab. 4.21)

Tab. 4.21 KPI-Steckbrief 17: Fehlerquote bei Zollanmeldungen

KPI	KPI 17: Fehlerquote bei Zollanmeldungen
Zweck/ Interpretation	Die KPI zeigt, in welchem Umfang Anmeldungen durch Zoll oder interne Kontrollen beanstandet werden. Wiederkehrende Fehler weisen auf systematische Probleme (Stammdaten, Prozesse, Schulungsdefizite) hin.
Formel	(beanstandete Anmeldungen/Gesamtanzahl Anmeldungen) × 100
Rechts–/ Governance-Bezug	Art. 15 UZK (vollständige und richtige Angaben).
Datenquelle	Zollprüfungsberichte, interne Qualitätssicherung, ATLAS-Rückmeldungen.
Datenreife/ Komplexität	gering bis mittel
Zielwert/ Schwelle	< 1 % (als internes Beispiel- oder Planungsziel zu verstehen; final unternehmensspezifisch festlegen)
Empfohlene Visualisierung	Zeitreihe: Frühzeitig Verschlechterungen der Fehlerquote erkennen. Balkendiagramm: Vergleich nach Standorten Pareto-Diagramm: Hauptursachen nach Fehlerart identifizieren (Warennummern, Verfahren, Dokumentation, …)
Zielgruppe/ Wirkung	Management: Prozessqualität Zoll/Trade Compliance: Fehlerursachen, Prozessverbesserungen Stammdatenmanagement: Fehlerursachen durch Stammdatenprobleme
Audit-Evidenz	Zollprüfungsberichte, interne Qualitätssicherung, ATLAS-Rückmeldungen.; ergänzend Maßnahmenstatus und Wirksamkeitskontrolle bei Abweichungen

Beispiel 20 Fehler bei 2000 Anmeldungen → 1 % Stammdatenmanagement (Prozessproblem identifizieren): Ein Großteil der Fehler entsteht bei neu eingeführten Produkten. Für diese Produkte fehlen teilweise vollständige Stammdaten. Dies erhöht den manuellen Aufwand bei der Zollanmeldung. Wir empfehlen daher, die Stammdatenerfassung für neue Produkte zu verbessern. HR (Schulungsbedarf argumentieren). Die Fehlerquote ist in bestimmten Standorten deutlich höher als im Durchschnitt. Die Analyse zeigt Unterschiede bei der Schulungsquote der Mitarbeiter. Unzureichende Schulungen erhöhen das Risiko fehlerhafter Zollanmeldungen. Wir empfehlen daher, gezielte Schulungsmaßnahmen für diese Standorte umzusetzen.

Steuerungshinweis Eine Fehleranalyse nach Fehlerart, Standort, Dienstleister oder Produktgruppe ist sinnvoll. Auf dieser Basis lassen sich gezielte Korrekturmaßnahmen definieren.

Weiterführende Analyse Hoch, Fehlerprognosen: Welche Transaktionen sind besonders fehleranfällig? (ML) Stammdatenanalyse: Welche Datenfelder verursachen die meisten Fehler?, Anomalieerkennung: Ursachen für ungewöhnlichen Fehleranstieg, Probleme durch Systemänderungen. Process Mining: Wo im Prozess entstehen die häufigsten Fehler? (Tab. 4.22)

Tab. 4.22 KPI-Steckbrief 18: Rückgabequote (ATLAS)

KPI	KPI 18: Rückgabequote (ATLAS)
Zweck/Interpretation	Die Kennzahl fokussiert auf die Anzahl der Anmeldungen, die durch ATLAS nicht akzeptiert werden und erneut eingereicht werden müssen. Sie ergänzt die Fehlerquote und bildet die technische/formatbezogene Qualität ab.
Formel	(Anzahl Rückgaben/Gesamtanzahl Anmeldungen) × 100
Rechts-/Governance-Bezug	Art. 15 UZK, AEO-Kriterien
Datenquelle	ATLAS-Protokolle, Zollsoftware, Auswertungen der Zollstelle/Dienstleister.
Datenreife/Komplexität	gering bis mittel
Zielwert/Schwelle	< 2 % (als internes Beispiel- oder Planungsziel zu verstehen; final unternehmensspezifisch festlegen)
Empfohlene Visualisierung	Zeitreihe: plötzliche Veränderungen erkennen Balkendiagramm: Vergleich nach Anmeldetyp Pareto-Diagramm: Analyse nach Rückgabecode (häufigste Fehler identifizieren)
Zielgruppe/Wirkung	Management: Effizienz Zoll/Trade Compliance: Fehlerursachen, Prozessverbesserungen IT/Systemintegration: Arbeiten ERP- und Zollsysteme zuverlässig miteinander?
Audit-Evidenz	ATLAS-Protokolle, Zollsoftware, Auswertungen der Zollstelle/Dienstleister.; ergänzend Maßnahmenstatus und Wirksamkeitskontrolle bei Abweichungen

Beispiel 30 Rückgaben bei 1500 Anmeldungen → 2 % Management/IT/Systemintegration (Stabilität der Systemintegration zeigen): Die ATLAS-Rückgabequote liegt aktuell bei 1,4 % und damit unter dem Zielwert von 2 %. Die Mehrheit der Zollanmeldungen wird beim ersten Einreichen akzeptiert. Die technische Integration zwischen ERP-Systemen, Zollsoftware und ATLAS funktioniert stabil. Die bestehenden Systemprozesse sollten weiterhin konsequent überwacht werden. Management/Zoll/Trade Compliance (Prozessverbesserungen argumentieren): Die Rückgabequote ist bei bestimmten Standorten deutlich höher als im Durchschnitt. Die Unterschiede entstehen durch unterschiedliche Prozessabläufe und Datenerfassungen. Uneinheitliche Prozesse erhöhen die Fehleranfälligkeit bei Zollanmeldungen. Wir empfehlen daher, die erfolgreicheren Prozesse aus anderen Standorten zu übernehmen.

Steuerungshinweis Neben Schulungen ist vor allem die Optimierung der Schnittstellen (ERP ↔ GTS ↔ ATLAS) wichtig. Testumgebungen vor größeren Systemänderungen helfen, Sprünge in der KPI zu vermeiden.

Weiterführende Analyse Hoch, Fehlerprognosen: welche Transaktionenhabe ein erhöhtes Rückgaberisiko?, Stammdatenanalyse: Welche Datenfelder verursachen die meisten Fehler?, Anomalieerkennung: Ursachen für ungewöhnlichen Anstieg von Rückgaben, Probleme durch Systemänderungen. Process Mining: Wo im Prozess entstehen die fehlerhaften Daten? (Tab. 4.23)

Tab. 4.23 KPI-Steckbrief 19: Trefferquote bei Sanktionslistenprüfungen

KPI	KPI 19: Trefferquote bei Sanktionslistenprüfungen
Zweck/Interpretation	Die Kennzahl misst, wie viele Prüfungen zu einem Treffer (potenzieller Sanktionsverstoß) führen. Eine extrem hohe Quote deutet auf unzureichendes Matching (viele False Positives) hin, eine sehr niedrige Quote bei Hochrisiko-Geschäft kann ein Warnsignal sein.
Formel	(Treffer/durchgeführte Prüfungen) × 100
Rechts-/Governance-Bezug	EU-Sanktionsverordnungen (z. B. 2580/2001, 881/2002), AWG/AWV.
Datenquelle	Screening-Tool, Exportfreigabesystem.
Datenreife/ Komplexität	gering bis mittel
Zielwert/Schwelle	individuell (abhängig von Kundenstruktur und Listenkonfiguration).
Empfohlene Visualisierung	Zeitreihe: Screening-Qualität überwachen Balkendiagramm: Rohtreffer vs. bestätigte Treffer (False-Positive-Rate sichtbar machen) Sankey-Diagramm: Trefferanalysen nach Ländern/Regionen
Zielgruppe/Wirkung	Management: Effektivität des Compliance-Systems Exportkontrolle/Compliance: Matching-System sinnvoll eingestellt? Behörden: Wirksamkeit des Sanktionsscreenings
Audit-Evidenz	Screening-Tool, Exportfreigabesystem.; ergänzend Maßnahmenstatus und Wirksamkeitskontrolle bei Abweichungen

Beispiel 25 Treffer bei 50.000 Prüfungen → 0,05 % Management/Compliance (Risikoentwicklung erklären): Die Trefferquote ist im letzten Quartal leicht gestiegen. Der Anstieg steht im Zusammenhang mit neuen Geschäftsbeziehungen in Regionen mit erhöhtem Sanktionsrisiko. Die höhere Trefferquote spiegelt das veränderte Risikoprofil des Geschäfts wider. Wir empfehlen daher, diese Geschäftsbeziehungen weiterhin besonders sorgfältig zu überwachen. Management/IT/Digitalisierung (Automatisierung argumentieren): Ein Großteil der Treffer wird nach manueller Prüfung als irrelevant eingestuft. Viele Treffer sind sogenannte False-Positives. Das Complinace-Team muss zahlreiche Prüfungen durchführen, die kein tatsächliches Risiko darstellen. Wir empfehlen daher, KI-basierte Systeme zur Priorisierung von Treffern einzusetzen.

Steuerungshinweis Wichtig ist die getrennte Betrachtung von „Rohtreffern" und bestätigten Treffern nach manueller Prüfung. Feinjustierung der Matching-Algorithmen und Stammdatenqualität sind zentrale Steuerungshebel.

Weiterführende Analyse Hoch, Reduktion von False-Positives (ML), Risikobasierte Priorisierung: Treffer nach Risikograd sortieren, (ML) Dynamische Matching-Regeln (KI): Anpassen von Matching-Regeln auf Basis weitere Kennzahlen, wie der risikobasierten Priorisierung. (Tab. 4.24)

Tab. 4.24 KPI-Steckbrief 20: Quote genehmigungspflichtiger Ausfuhren

KPI	KPI 20: Quote genehmigungspflichtiger Ausfuhren
Zweck/ Interpretation	Die KPI spiegelt wider, wie groß der Anteil genehmigungspflichtiger Vorgänge am Gesamtgeschäft ist. Sie beschreibt damit indirekt das Risikoprofil des Unternehmens und den Aufwand für Genehmigungsprozesse.
Formel	(genehmigungspflichtige Ausfuhren/Gesamtausfuhren) × 100
Rechts–/ Governance-Bezug	EU-Dual-Use-VO 2021/821, AWG § 8.
Datenquelle	BAFA-Antragsliste, Exportkontrollsystem, ERP-Auswertungen.
Datenreife/ Komplexität	mittel (schwer bei verteilten Systemen)
Zielwert/Schwelle	0,5–20 % (stark produkt- und länderabhängig). (als internes Beispiel- oder Planungsziel zu verstehen; final unternehmensspezifisch festlegen)
Empfohlene Visualisierung	Zeitreihe: Veränderungen im Geschäftsprofil erkennen Balkendiagramm: genehmigungspflichtig vs. nicht genehmigungspflichtig (Übersicht zum Risikoprofil) Balkendiagramm-Stacked: Aufteilung nach Produktgruppen. Sankey-Diagramm: Trefferanalysen nach Ländern/Regionen
Zielgruppe/ Wirkung	Management: strategisches Risiko und Marktstruktur. Exportkontrolle/Compliance: Risikosteuerung, Genehmigungsprozesse. Vertrieb/Business Development: Markterschließung und Verkaufsstrategien (Welche Märkte erfordern Genehmigungen?) Supply Chain: Lieferkettenplanung (Einfluss von Genehmigungen auf Lieferzeiten).
Audit-Evidenz	BAFA-Antragsliste, Exportkontrollsystem, ERP-Auswertungen.; ergänzend Maßnahmenstatus und Wirksamkeitskontrolle bei Abweichungen

Beispiel 150 von 1200 Ausfuhren genehmigungspflichtig → 12,5 % Management/Vertrieb/Business Development (Marktentwicklung erklären): Die Quote genehmigungspflichtiger Exporte ist im letzten Jahr von 9 % auf 12 % gestiegen. Der Anstieg hängt mit einer stärkeren Geschäftsentwicklung in regulierten Märkten zusammen. Das Exportkontrollrisiko im Geschäftsmodell hat sich leicht erhöht. Wir empfehlen daher, die Genehmigungsplanung frühzeitig in Vertriebsprozesse zu integrieren. Management/Exportkontrolle/Compliance (Auswirkung regulatorischer Veränderungen erklären): Die Quote genehmigungspflichtiger Exporte ist in bestimmten Märkten gestiegen. Neue regulatorische Anforderungen haben zusätzliche Genehmigungspflichten geschaffen. Die regulatorische Komplexität im internationalen Handel nimmt weiter zu. Wir empfehlen daher, regulatorische Entwicklungen weiterhin systematisch zu überwachen.

Steuerungshinweis Eine bewusste Portfoliosteuerung (z. B. Verlagerung von Fertigungsstufen, Produktdesign), klare Exportmatrizen und vorausschauende Genehmigungsplanung helfen, die Quote auf ein strategisch sinnvolles Niveau zu bringen.

Weiterführende Analyse Mittel, Exportkontroll-Risikoprofile: Produkte/Produktgruppen mit besonders häufiger Genehmigungspflicht (ML), Markt-Risikoanalyse: Märkte mit besonders vielen Genehmigungspflichten, Szenario-Simulation: Wie wirken sich neue Exportkontrollregeln auf das Geschäftsmodell aus?

4.4 Regulatorische Kommunikation

▶ Die Perspektive ist nur dann vollständig steuerbar, wenn Management-Kennzahlen, operative Steuerungskennzahlen und Analyse-Kennzahlen miteinander verbunden werden. (Tab. 4.25 und 4.26)

Beispiel 300 von 3000 Gütern sind Dual-Use → 10 % Management (Portfolio-Risiko erklären): Der Anteil an Dual-Use-Gütern im Portfolio liegt aktuell bei 10 %. Ein Teil unserer Produkte unterliegt Exportkontrollvorschriften. Exportkontrollprozesse sind ein fester Bestandteil unserer internationalen Geschäftstätigkeit. Wir empfehlen, Dual-Use-Klassifizierungen weiterhin frühzeitig im Produktentwicklungsprozess zu berücksichtigen. Management/Produktmanagement/Vertrieb: Ein erheblicher Teil des Exportgeschäfts basiert auf Dual-Use-Produkten. Diese Produkte sind regulatorisch sensible. Exportkontrolle wird zu einem strategischen Faktor im Geschäftsmodell. Wir empfehlen, Exportkontrollkompetenz stärker in Produktmanagement und Markterschließung einzubinden.

Tab. 4.25 KPIs dieser Perspektive

KPI	Steuerungsfrage/Kernaussage
KPI 21: Dual-Use-Güter-Anteil	
KPI 22: Exportverweigerungsquote	Die Kennzahl misst, in welchem Umfang Exporte aufgrund von rechtlichen oder Compliance-Bedenken bewusst nicht durchgeführt werden. Sie zeigt die Konsequenz der Organisation bei Verstößen.
KPI 23: Exportvolumen in Embargoländer	Die KPI zeigt, wie stark das Geschäft in Embargoländer oder Länder mit umfassenden Restriktionen ausgeprägt ist. Ein hoher Wert erhöht regulatorische und Reputationsrisiken.
KPI 24: Anzahl BAFA-Genehmigungsrückfragen	Die Kennzahl zeigt die Qualität der Genehmigungsanträge an die Behörde. Viele Rückfragen deuten auf unvollständige technische Beschreibungen oder unklare Endverwendung hin.
KPI 25: Bearbeitungsdauer Ausfuhranträge	Die Kennzahl misst die Zeit von der Antragstellung bis zur Genehmigungsentscheidung. Sie ist kritisch für Projekt- und Lieferplanung.
KPI 26: Exportblockadequote	Die KPI zeigt, wie häufig Sendungen aufgrund ausstehender Exportfreigaben, fehlender Genehmigungen oder Datenkonflikten blockiert werden. Sie ist ein operativer Frühwarnindikator.

Tab. 4.26 KPI-Steckbrief 21: Dual-Use-Güter-Anteil

KPI	KPI 21: Dual-Use-Güter-Anteil
Zweck/Interpretation	
Formel	(Dual-Use-Güter/exportierte Güter) × 100
Rechts–/Governance-Bezug	VO (EU) 2021/821.
Datenquelle	Produktstamm mit Dual-Use-Kennzeichnung, ECCN–/AL-Nummern, Klassifizierungsdatenbank.
Datenreife/Komplexität	mittel
Zielwert/Schwelle	individuell; typischer Richtwert >10 % bei klassischer Hightech–/Anlagenindustrie. (als internes Beispiel- oder Planungsziel zu verstehen; final unternehmensspezifisch festlegen)
Empfohlene Visualisierung	Zeitreihe: Produktportfolio-Veränderungen erkennen. Balkendiagramm: Risikostruktur des Produktportfolios (Dual-Use-Güter vs. nicht Dual-Use-Güter) Balkendiagramm-Stacked: Aufteilung nach Produktgruppen Sankey-Diagramm: Trefferanalysen nach Ländern/Regionen
Zielgruppe/Wirkung	Management: strategisches Risiko Exportkontrolle/Compliance: Genehmigungsbedarf, regulatorische Risiken Produktmanagement/Engineering: Technologieentscheidungen (Welche Produkte erzeugen Exportkontrollaufwand?) Vertrieb: Marktzugang
Audit-Evidenz	Produktstamm mit Dual-Use-Kennzeichnung, ECCN–/AL-Nummern, Klassifizierungsdatenbank.; ergänzend Maßnahmenstatus und Wirksamkeitskontrolle bei Abweichungen

Steuerungshinweis Durch zentrale Dual-Use-Klassifizierung, Design-Entscheidungen (Technologiestand), Produktportfolio-Strategie und gezielte Kunden–/Ländersteuerung kann der Anteil mittel- bis langfristig beeinflusst werden.

Weiterführende Analyse Sehr hoch, KI-gestützte Klassifizierung, Risikoanalyse im Produktportfolio: Welche Produktmerkmale führen zu Exportkontrollpflicht?, Portfolio-Simulation: Welche Produkte könnten zukünftig exportkontrollpflichtig werden? (Tab. 4.27)

Beispiel 5 verweigerte Exporte bei 700 Prüfungen → 0,71 % Management/Vertrieb (Vertriebssteuerung einbinden): Ein Großteil der Exportverweigerungen betrifft bestimmte Kundengruppen. Diese Kunden weisen häufiger unklare Endverwendungen oder Dokumentationslücken auf. Solche Geschäfte verursachen erhöhten Prüfaufwand. Wir empfehlen, bei neuen Geschäftsanfragen frühzeitig eine Exportkontrollprüfung vorzunehmen. Behörden (ICP-Wirksamkeit zeigen): Exportverweigerungen werden systematisch dokumentiert und ausgewertet. Das Unternehmen erkennt risikoreiche Geschäfte und reagiert entsprechend. Das interne Compliance-System funktioniert als effektiver Kontrollmechanismus. Diese Dokumentation stärkt die Nachweisfähigkeit gegenüber Behörden.

Tab. 4.27 KPI-Steckbrief 22: Exportverweigerungsquote

KPI	KPI 22: Exportverweigerungsquote
Zweck/Interpretation	Die Kennzahl misst, in welchem Umfang Exporte aufgrund von rechtlichen oder Compliance-Bedenken bewusst nicht durchgeführt werden. Sie zeigt die Konsequenz der Organisation bei der Einhaltung von Vorgaben.
Formel	(verweigerte Exporte/Gesamtprüfungen) × 100
Rechts–/ Governance-Bezug	AWG § 8, BAFA-Merkblatt Firmeninterne Exportkontrolle-Richtlinien.
Datenquelle	Exportfreigabesystem, Entscheidungsmatrix, Protokoll der abgelehnten Vorgänge.
Datenreife/ Komplexität	mittel
Zielwert/Schwelle	< 1 % (als internes Beispiel- oder Planungsziel zu verstehen; final unternehmensspezifisch festlegen)
Empfohlene Visualisierung	Zeitreihe: Stabilität der Compliance-Entscheidungen überwachen Balkendiagramm-Stacked: Analyse nach Geschäftseinheiten Sankey-Diagramm: Anteil der Gründe für Exportverweigerungen (Risikotreiber)
Zielgruppe/Wirkung	Management: Compliance-Wirksamkeit Exportkontrolle/Compliance: Entscheidungsqualität, Risikoentwicklung Vertrieb: Geschäftsrisiko, Kundenstruktur Behörden: Wirksamkeit des ICP im Unternehmen.
Audit-Evidenz	Exportfreigabesystem, Entscheidungsmatrix, Protokoll der abgelehnten Vorgänge.; ergänzend Maßnahmenstatus und Wirksamkeitskontrolle bei Abweichungen

Steuerungshinweis Eine nachvollziehbare Dokumentation der Ablehnungsgründe ist wichtig – sowohl für die interne Lernkurve (z. B. bei Vertriebsentscheidungen) als auch für Behördennachweise. Längerfristige Trends sollten mit Geschäftsstrategie und Länderrisikoprofil abgeglichen werden.

Weiterführende Analyse Sehr hoch, Risikoprognose: Welche Geschäfte werden wahrscheinlich abgelehnt?, (ML) Risikomusteranalyse: Kunden/Länder/Produkte Entscheidungsunterstützung: Wann ist eine Exportfreigabe kritisch, welches Geschäft ist besonders risikoreich (KI)? (Tab. 4.28)

Beispiel 2,5 Mio € in Embargoländer bei 50 Mio € Gesamtexport → 5 % Management/Vertrieb (Risikoabsicherung argumentieren): Ein erheblicher Anteil des Exportgeschäfts hängt von wenigen regulierten Märkten ab. Diese Konzentration erhöht die Abhängigkeit von regulatorischen Entwicklungen. Politische Veränderungen könnten das Geschäft kurzfristig beeinflussen. Wir empfehlen, das Exportportfolio breiter zu diversifizieren. Management/Vertrieb (Krisensituation erklären): Nach neuen Sanktionen ist der Export in bestimmte Länder stark zurückgegangen. Regulatorische Änderungen haben direkte Auswirkungen auf das Geschäft. Das Unternehmen muss seine Marktstrategie kurzfristig anpassen. Wir empfehlen, alternative Märkte zu erschließen.

Tab. 4.28 KPI-Steckbrief 23: Exportvolumen in Embargoländer

KPI	KPI 23: Exportvolumen in Embargoländer
Zweck/Interpretation	Die KPI zeigt, wie stark das Geschäft in Embargoländer oder Länder mit umfassenden Restriktionen ausgeprägt ist. Ein hoher Wert erhöht regulatorische und Reputationsrisiken.
Formel	(Exportwert in Embargoländer/Gesamtexportwert) × 100
Rechts–/ Governance-Bezug	Embargoregelungen der EU, AWG § 17.
Datenquelle	ERP (Länderstatistik nach Zielland), Länderrisikoberichte.
Datenreife/ Komplexität	mittel
Zielwert/Schwelle	individuell
Empfohlene Visualisierung	Pie-Chart: Anteil Embargoländer am Gesamtexport (Übersicht Markt-Risikoprofil) Balkendiagramm-Stacked: Aufteilung nach Embargoart (Risikodifferenzierung) Sankey-Diagramm: Aufteilung nach Ländern (kritische Märkte identifizieren)
Zielgruppe/Wirkung	Management: Marktstrategie, geopolitisches Risiko Exportkontrolle/Compliance: Regulatorische Risiken, Genehmigungsbedarf Vertrieb: Markterschließung, Geschäftsmöglichkeiten
Audit-Evidenz	ERP (Länderstatistik nach Zielland), Länderrisikoberichte.; ergänzend Maßnahmenstatus und Wirksamkeitskontrolle bei Abweichungen

Steuerungshinweis Sie unterstützt strategische Entscheidungen, ob bestimmte Märkte bewusst reduziert, genehmigungspflichtige Geschäfte verstärkt oder alternative Märkte aufgebaut werden sollen. Im Reporting sind separate Auswertungen nach Art des Embargos (Total-/Teilembargo) sinnvoll.

Weiterführende Analyse Sehr hoch, Geopolitische Risikoanalyse: regulatorisch instabile Märkte (ML), Marktdiversifikation: Risikominimierung durch alternative Märkte vorhanden?, Szenario-Simulation: Wir sich neue Sanktionen auf das Exportvolumen aus?, Entscheidungsunterstützung: Wann ist eine Exportfreigabe kritisch, welches Geschäft ist besonders risikoreich (KI)?, KI-Content-Frühwarnsystem: regulatorische Änderungen früh erkennen und gegen die eigene Risikoanalyse gegenprüfen. (Tab. 4.29)

Beispiel 7 Rückfragen bei 85 Anträgen → 8,2 % Produktmanagement/Engineering (Projektverzögerungen argumentieren): Rückfragen verlängern die durchschnittliche Bearbeitungszeit von Genehmigungsanträgen. Unvollständige Anträge, größtenteils bedingt durch unklare technische Informationen, führen zu zusätzlichen Abstimmungen. Projekttermine können sich verzögern. Wir empfehlen, Genehmigungsanträge frühzeitig und vollständig vorzubereiten. Behörden/Exportkontrolle/Compliance (Reifegrad des ICP zeigen): Die Rückfragenquote liegt bei 8,2 % und ist im Branchenvergleich niedrig. Ge-

Tab. 4.29 KPI-Steckbrief 24: Anzahl BAFA-Genehmigungsrückfragen

KPI	KPI 24: Anzahl BAFA-Genehmigungsrückfragen
Zweck/Interpretation	Die Kennzahl zeigt die Qualität der Genehmigungsanträge an die Behörde. Viele Rückfragen deuten auf unvollständige technische Beschreibungen, unklare Endverwendung oder unzureichende Begründungen hin.
Formel	Rückfragen/Anträge
Rechts–/ Governance-Bezug	AWG/AWV.
Datenquelle	BAFA-Korrespondenz, Genehmigungsakten, Antragsliste.
Datenreife/ Komplexität	mittel
Zielwert/Schwelle	< 10 % (als internes Beispiel- oder Planungsziel zu verstehen; final unternehmensspezifisch festlegen)
Empfohlene Visualisierung	Mehrstufige Kreisdiagramme/Sunburst: Rückfragen nach Genehmigungsart und Produktgruppe Zeitreihe: Entwicklung über die Zeit (Antragsqualität sichtbar machen) Pareto-Diagramm: Top n Ursachen für Rückfragen (Qualitätsprobleme identifizieren)
Zielgruppe/Wirkung	Management: Effizienz Exportkontrolle/Compliance: Prozessoptimierung Produktmanagement/Engineering: technische Dokumentation Behörden: Qualität der Zusammenarbeit
Audit-Evidenz	BAFA-Korrespondenz, Genehmigungsakten, Antragsliste.; ergänzend Maßnahmenstatus und Wirksamkeitskontrolle bei Abweichungen

nehmigungsanträge werden strukturiert und vollständig vorberietet. Die Zusammenarbeit mit der Behörde verläuft effizient. Dieser strukturierte Ansatz stärkt die Nachweisfähigkeit des ICP.

Steuerungshinweis Standardisierte „BAFA-Dossiers" mit Checklisten, interne Vorabprüfung durch Technik/Produktmanagement und die Nutzung von Mustervorlagen helfen, Rückfragen zu reduzieren und Durchlaufzeiten zu verkürzen.

Weiterführende Analyse Mittel (Mehr in der Analyse der Rückfragen), Textanalyse von Behördernrückfragen, KI-Dokumentenprüfung: Vollständigkeit von Anträgen Wissensdatenbank und Analyse historischer Genehmigungen zur Unterstützung neuer Anträge. (Tab. 4.30)

Beispiel 2800 Tage für 70 Anträge → Ø 40 Tage Vertrieb/Projektmanagement (Projektverzögerungen erklären): Ein Teil der Genehmigungen benötigt deutlich mehr Zeit als der Durchschnitt. Diese Fälle betreffen besonders unser Projektgeschäft mit komplexen Produkten und/oder sensiblen Zielländern. Einzelne Projekte können dadurch verzögert werden. Wir empfehlen, solche Fälle frühzeitig zu identifizieren und priorisiert zu bearbeiten. Management/Vertrieb (Einbeziehung in strategische Entscheidungen): Genehmigungen für bestimmte Märkte dauern im Durchschnitt deutlich länger. Diese Märkte unterliegen strengeren Exportkontrollprüfungen. Geschäftsprojekte in diesen Regionen erfordern längere Planungszeiträume. Wir empfehlen Genehmigungsprozesse stärker in die Marktstrategie. einzubeziehen.

Tab. 4.30 KPI-Steckbrief 25: Bearbeitungsdauer Ausfuhranträge

KPI	KPI 25: Bearbeitungsdauer Ausfuhranträge
Zweck/Interpretation	Die Kennzahl misst die Zeit von der Antragstellung bis zur Genehmigungsentscheidung. Sie ist kritisch für Projekt- und Lieferplanung.
Formel	Summe Bearbeitungszeit/Anzahl Anträge
Rechts–/ Governance-Bezug	BAFA-Verfahren; indirekter Bezug zu Lieferverpflichtungen und Vertragsanforderungen.
Datenquelle	Antragsübersicht, BAFA-Bescheide, interne Zeitstempel.
Datenreife/ Komplexität	mittel (schwierig bei mäßig gepflegten Zeitstempeln)
Zielwert/Schwelle	30–60 Tage (je nach Antragsart, Güterklasse, Länderrisiko).
Empfohlene Visualisierung	Mehrstufige Kreisdiagramme/Sunburst: Bearbeitungsdauer nach Genehmigungsart und Produktgruppen. Zeitreihe: Entwicklung über die Zeit (Verbesserung der Planbarkeit) Sankey-Diagramm: Bearbeitungsdauer nach Zielland
Zielgruppe/Wirkung	Management: Projektrisiko Exportkontrolle/Compliance: Effizienz der Antragsprozesse Vertrieb/Projektmanagement: Lieferfähigkeit, Angebotsplanung
Audit-Evidenz	Antragsübersicht, BAFA-Bescheide, interne Zeitstempel.; ergänzend Maßnahmenstatus und Wirksamkeitskontrolle bei Abweichungen

Steuerungshinweis Durch frühzeitige Antragstellung, vollständige Unterlagen, Bündelung ähnlicher Anträge und eine aktive Kommunikation mit der Behörde lässt sich die Durchschnittsdauer reduzieren. Ergänzend kann eine Unterteilung nach Genehmigungsart (Einzel, Sammel, Global) sinnvoll sein.

Weiterführende Analyse Hoch Prognose von Genehmigungsdauer und Impact auf Projektplanung, Genehmigungsstrategie: Welche Genehmigungsarten die Prozesse beschleunigen (Simulation)?, Risikobasierte Priorisierung: Welche Anträge sind voraussichtlich besonders komplex? (Tab. 4.31)

Beispiel 20 Blockaden bei 3000 Exporten → 0,67 % Management (Multidimensionale Maßnahmen aufzeigen): Die Heatmap zeigt, dass Blockaden im Bereich Elektronik überwiegend durch Screening-Treffer entstehen, während im Maschinenbau fehlende Genehmigungen dominieren. Die Ursachen unterscheiden sich deutlich zwischen den Geschäftsbereichen. Eine einheitliche Maßnahme würde das Problem nicht lösen. Wir empfehlen daher: Screening-Regeln im Bereich Elektronik zu optimieren Genehmigungsprozesse im Maschinenbau früher zu starten Logistik/Versand (Verzögerungen im Versand erklären): Blockaden treten besonders häufig kurz vor dem Versand auf. Exportkontrollprüfungen erfolgen teilweise zu spät im Prozess. Liefertermine können gefährdet werden. Wir empfehlen, Compliance-Prüfungen früher in den Auftragsprozess zu integrieren.

Tab. 4.31 KPI-Steckbrief 26: Exportblockadequote

KPI	KPI 26: Exportblockadequote
Zweck/Interpretation	Die KPI zeigt, wie häufig Sendungen aufgrund ausstehender Exportfreigaben, fehlender Genehmigungen oder Datenkonflikten blockiert werden. Sie ist ein operativer Frühwarnindikator für Prozess- oder Stammdatenprobleme.
Formel	(blockierte Lieferungen/exportierte Lieferungen) × 100
Rechts-/ Governance-Bezug	internes ICP, Sperrlogik im ERP.
Datenquelle	ERP-/GTS-Sperrprotokolle, Versand- und Auftragsstatus.
Datenreife/ Komplexität	mittel (schwierig bei mäßig gepflegten Zeitstempeln)
Zielwert/Schwelle	< 1 % (als internes Beispiel- oder Planungsziel zu verstehen; final unternehmensspezifisch festlegen)
Empfohlene Visualisierung	Zeitreihe: Stabilität der Prozesse Heatmap: Ursachenanalyse kombiniert mit Geschäftsbereich
Zielgruppe/Wirkung	Management: Lieferkettenstabilität Exportkontrolle/Compliance: Wirksamkeit von Prüfprozessen Logistik/Versand: Operative Prozessstabilität
Audit-Evidenz	ERP-/GTS-Sperrprotokolle, Versand- und Auftragsstatus.; ergänzend Maßnahmenstatus und Wirksamkeitskontrolle bei Abweichungen

Steuerungshinweis Automatische Vorprüfungen bereits bei Auftragserfassung, klare Verantwortlichkeiten für Freigaben und tägliche Auswertung eines „Blockadelisten-Reports“ sind bewährte Maßnahmen.

Weiterführende Analyse Mittel, Prognose von Blockaden: Welche Aufträge werden wahrscheinlich blockiert?, Stammdatenanalyse/Mustererkennung: Welche Daten fehlen häufig?

4.5 Zollwert und Abgabenmanagement

▶ Die Perspektive ist nur dann vollständig steuerbar, wenn Management-Kennzahlen, operative Steuerungskennzahlen und Analyse-Kennzahlen miteinander verbunden werden. (Tab. 4.32 und 4.33)

Beispiel 25.000 Zollanmeldungen im Jahr Management/IT/Digitalisierung (Automatisierungsprojekt argumentieren): Ein stetig wachsendes Transaktionsvolumen erhöht den operativen Aufwand. Die aktuelle Prozessstruktur ist zunehmend belastend. Ohne Automatisierung steigen langfristig Prozesskosten und Fehleranfälligkeit. Wir empfehlen, Automatisierungsprojekte zu priorisieren. Management/Zollorganisation (Standort stärken): Ein einzelner Standort verursacht einen Großteil des neuen Volumens für Zollanmeldugen. Dieser Standort trägt nun eine überproportionale operative Belastung. Prozessoptimierungen sollten dort priorisiert werden. Wir empfehlen, Prozesse und Ressourcen an diesem Standort gezielt zu überprüfen.

Tab. 4.32 KPIs dieser Perspektive

KPI	Steuerungsfrage/Kernaussage
KPI 27: Anzahl Zollanmeldungen (Import/Export)	Die KPI stellt das Transaktionsvolumen dar und bildet die Basis für viele weitere Kennzahlen (z. B. Fehlerquoten, Bearbeitungszeiten, Produktivität pro FTE).
KPI 28: Unterlagen-Rückmeldequote	Die Kennzahl bewertet, wie zuverlässig interne und externe Stellen (z. B. Vertrieb, Kunden, Spediteure) zollrelevante Unterlagen rechtzeitig liefern.
KPI 29: Abgabenquote (Duty Ratio)	Die KPI zeigt die relative Abgabenlast im Verhältnis zum Warenwert. Sie ermöglicht eine wirtschaftliche Bewertung von Zollwertstrategie, Präferenznutzung und Verfahrenswahl.
KPI 30: Präferenznutzungsquote	Die Kennzahl misst, wie systematisch Zölle durch Präferenzabkommen tatsächlich eingespart werden. Eine niedrige Quote bedeutet, dass trotz vorhandener Möglichkeiten höhere Abgaben notwendig sind.
KPI 31: Zolleinsparungen durch besondere Verfahren	Die KPI quantifiziert den monetären Vorteil aus der Nutzung zollrechtlicher Sonderverfahren im Vergleich zu einer Standardverzollung. Sie ist eine zentrale Brücke.

Steuerungshinweis Sie eignet sich vor allem für Trendanalysen, Standortvergleiche und zur Unterlegung von Business Cases (z. B. für Automatisierungsprojekte oder Dienstleisterverlagerung).

Weiterführende Analyse Mittel, Prognosen: Transaktionsvolumen vs. Ressourcenplanung vs. Automatisierungspotenzial (Tab. 4.34)

Tab. 4.33 KPI-Steckbrief 27: Anzahl Zollanmeldungen (Import/Export)

KPI	KPI 27: Anzahl Zollanmeldungen (Import/Export)
Zweck/Interpretation	Die KPI stellt das Transaktionsvolumen dar und bildet die Basis für viele weitere Kennzahlen (z. B. Fehlerquoten, Bearbeitungszeiten, Produktivität pro FTE). Veränderungen im Volumen wirken direkt auf Ressourcenbedarf und Risikoprofil.
Formel	Anzahl aller Import- und Exportanmeldungen je Zeitraum
Rechts–/ Governance-Bezug	Art. 5 Nr. 12 i. V. m. Art. 162–188 UZK (Zollanmeldung, Abfertigung).
Datenquelle	Zoll-/GTS-System, ATLAS-Statistiken, Dienstleisterreports.
Datenreife/ Komplexität	gering (bis mittel bei verteilten Systemen und vielen Brokern)
Zielwert/Schwelle	Keine Zielgröße – Volumenkennzahl
Empfohlene Visualisierung	Pie-Chart/Stacked Bar-Chart: Struktur des Warenverkehrs (Volumen nach Verfahren) Zeitreihe: Entwicklung des Transaktionsvolumens Heatmap: Nach Dienstleister/Broker/eigenen Teams und Standort
Zielgruppe/Wirkung	Management: Wachstum des Außenhandelsgeschäfts. Zollorganisation: Arbeitsbelastung, Prozesskosten IT/Digitalisierung: Automatisierungspotential
Audit-Evidenz	Zoll-/GTS-System, ATLAS-Statistiken, Dienstleisterreports.; ergänzend Maßnahmenstatus und Wirksamkeitskontrolle bei Abweichungen

Tab. 4.34 KPI-Steckbrief 28: Unterlagen-Rückmeldequote

KPI	KPI 28: Unterlagen-Rückmeldequote
Zweck/Interpretation	Die Kennzahl bewertet, wie zuverlässig interne und externe Stellen (z. B. Vertrieb, Kunden, Spediteure) zollrelevante Unterlagen rechtzeitig liefern. Schlechte Werte verursachen Verzögerungen, Nacharbeiten und Erklärungsbedarf gegenüber Behörden.
Formel	(Anzahl fristgerechter Rückmeldungen/Anzahl benötigter Rückmeldungen) × 100
Rechts–/ Governance-Bezug	Art. 15 UZK (richtige und vollständige Angaben), § 8 AWV.
Datenquelle	Dokumentenanforderungslisten, Workflow-Tool, E-Mail-Tracking/ Portallösungen.
Datenreife/ Komplexität	mittel (bis schwer bei manuellen Prozessen und problematischen Medienformaten)

(Fortsetzung)

Tab. 4.33 (Fortsetzung)

Zielwert/Schwelle	> 95 % (als internes Beispiel- oder Planungsziel zu verstehen; final unternehmensspezifisch festlegen)
Empfohlene Visualisierung	Pie-Chart/Stacked Bar-Chart: Analyse nach Dokumententyp. Heatmap: Nach Dokumententyp und Organisationseinheit (kombinierte Ursachenanalyse).
Zielgruppe/Wirkung	Management: organisatorische Effizienz Zollorganisation: Prozessstabilität Einkauf/Vertrieb: operative Zusammenarbeit Versand/Logistik: Lieferfähigkeit
Audit-Evidenz	Dokumentenanforderungslisten, Workflow-Tool, E-Mail-Tracking/Portallösungen; ergänzend Maßnahmenstatus und Wirksamkeitskontrolle bei Abweichungen

Beispiel 940 von 1000 fristgerechte Rückmeldungen → 94 % Management (Digitalisierung argumentieren): Fehlende Unterlagen verursachen regelmäßig operative Verzögerungen. Dokumentenprozesse sind derzeit nicht ausreichend standardisiert. Die Zollorganisation muss häufig nacharbeiten. Wir empfehlen, ein zentrales Dokumentenportal einzuführen. Management/Vertrieb/Engineering: Die Rückmeldequote im Bereich Engineering liegt deutlich unter dem Durchschnitt. Technische Produktinformationen werden häufig verspätet bereitgestellt. Genehmigungsanträge und Zollanmeldungen verzögern sich. Wir empfehlen, technische Dokumentationsprozesse zu strukturieren.

Steuerungshinweis Klare Fristen, definierte Rollen (z. B. „Dokumenten-Owner"), standardisierte Checklisten und ein strukturierter Erinnerungsprozess verbessern die Quote deutlich.

Weiterführende Analyse Mittel, Dokumentenanalyse mit KI: Dokumente automatisch prüfen und klassifizieren, Engpassanalyse: Welche Organisationseinheiten reagieren verspätet?, Mustererkennung: Welche Vorgänge werden wahrscheinlich unvollständig sein?, Prozessautomatisierung: Automatische Erinnerung für fehlende Dokumente und erkannte Muster (Tab. 4.35)

Beispiel 1,5 Mio € Abgaben bei 50 Mio € Warenwert → 3 % Einkauf (Lieferkettenstrategie diskutieren): Importe aus bestimmten Herkunftsländern verursachen besonders hohe Zollkosten. Diese Länder unterliegen höheren Zollsätzen. Die Lieferantenstruktur beeinflusst direkt die Abgabenquote. Wir empfehlen, alternative Lieferquellen zu prüfen. CFO/Finance (Zoll in Supply-Chain-Analyse starker einbeziehen): Zollabgaben machen einen relevanten Anteil der Importkosten aus. Schon kleine Verbesserungen der Abgabenquote haben erhebliche finanzielle Auswirkungen. Optimierungen im Zollmanagement haben direkten Einfluss auf die Unternehmensmarge. Wir empfehlen, Zollkosten starker in Supply-Chain-Analysen einzubeziehen.

Tab. 4.35 KPI-Steckbrief 29: Abgabenquote (Duty Ratio)

KPI	KPI 29: Abgabenquote (Duty Ratio)
Zweck/Interpretation	Die KPI zeigt die relative Abgabenlast im Verhältnis zum Warenwert. Sie ermöglicht eine wirtschaftliche Bewertung von Zollwertstrategie, Präferenznutzung und Verfahrenswahl.
Formel	(Summe Abgaben/Gesamtwert eingeführter Waren) × 100
Rechts-/ Governance-Bezug	Art. 70–75, 85 UZK (Zollwert, Einfuhrabgaben).
Datenquelle	Zollabgabenbescheide, Finanzbuchhaltung, Zollwert-Reports.
Datenreife/ Komplexität	gering bis mittel
Zielwert/Schwelle	branchenabhängig – Ziel ist eine wirtschaftlich optimierte, rechtssichere Abgabenquote.
Empfohlene Visualisierung	Zeitreihe: Entwicklung der Zollbelastung erkennen Pie-Chart/Stacked Bar-Chart: Abgabenquote vs. Präferenznutzung (Einsparpotenzial) Sankey-Diagramm: Analyse nach Herkunftsländern
Zielgruppe/Wirkung	Management: Wettbewerbsfähigkeit (Können wir Zollkosten reduzieren?) CFO/Finance: Importkosten und Margen Zollorganisation: Optimierungspotenziale Einkauf: Lieferantenstruktur (wie beeinflussen Herkunftsländer die Abgabenbelastung?)
Audit-Evidenz	Zollabgabenbescheide, Finanzbuchhaltung, Zollwert-Reports.; ergänzend Maßnahmenstatus und Wirksamkeitskontrolle bei Abweichungen

Steuerungshinweis Sie sollte zusammen mit KPIs zur Präferenznutzung und Verfahrensnutzung analysiert werden. Ein unerwartet hoher Wert kann auf ungenutzte Präferenzen, fehlerhaften Zollwert oder ungeeignete Lieferbedingungen (Incoterms) hinweisen.

Weiterführende Analyse Sehr hoch, Zollkostenanalyse: Welche Produkte verursachen besonders hohe Zollkosten?, (ML) Lieferkettenoptimierung: Welche Warenströme verursachen hohe Zollkosten?, Szenariosimulation: Wie verändern sich die Zollkosten bei anderen Lieferketten?, Präferenzpotenziale: (unter Einbindung von Trade Content) – Wo werden Präferenzabkommen nicht genutzt? (Tab. 4.36)

Beispiel 950 von 1000 nutzbare Präferenzen → 95 % Einkauf (Einbinden in Supplier Performance Benchmarking): Die Präferenzquote unterscheidet sich deutlich zwischen Lieferanten. Einige Lieferanten liefern Ursprungsnachweise zuverlässiger als andere. Die Lieferantenqualität beeinflusst direkt die Zollkosten. Wir empfehlen, Präferenzzuverlässigkeit in Lieferantenbewertungen zu integrieren. CFO/Finance (Erfolg einer Optimierungsmaßnahme argumentieren): Die Präferenzquote ist im letzten Jahr von 88 % auf 95 % gestiegen. Neue Ursprungsprozesse und Lieferantenprogramm haben Wirkung gezeigt. Die Zollkosten konnten reduziert werden. Wir empfehlen, diese Programme weiter auszubauen.

Tab. 4.36 KPI-Steckbrief 30: Präferenznutzungsquote

KPI	KPI 30: Präferenznutzungsquote
Zweck/Interpretation	Die Kennzahl misst, wie systematisch Zölle durch Präferenzabkommen tatsächlich eingespart werden. Eine niedrige Quote bedeutet, dass trotz vorhandener Möglichkeiten höhere Abgaben gezahlt werden.
Formel	(Anzahl genutzter Präferenzen/Anzahl präferenzfähiger Sendungen) × 100
Rechts–/ Governance-Bezug	Art. 64 UZK; Präferenzieller Ursprung.
Datenquelle	Ursprungs-/Präferenzmodul, Lieferantenerklärungen, Steuerbescheide.
Datenreife/ Komplexität	mittel (bis schwer bei verteilten Systemen)
Zielwert/Schwelle	> 95 % (als internes Beispiel- oder Planungsziel zu verstehen; final unternehmensspezifisch festlegen)
Empfohlene Visualisierung	Balkendiagramm Stacked: Präferenzpotenzial vs. tatsächliche Nutzung über die Zeit (Einsparpotenzial sichtbar machen). Sankey-Diagramm: Nutzung der Freihandelsabkommen nach Herkunftsländern Pareto-Diagramm: Top n Lieferanten mit höchster Präferenzquote (Lieferantenqualität)
Zielgruppe/Wirkung	CFO/Finance: Importkosten Zollorganisation: Ursprungsprozesse Einkauf: Lieferantenperformance
Audit-Evidenz	Ursprungs-/Präferenzmodul, Lieferantenerklärungen, Steuerbescheide.; ergänzend Maßnahmenstatus und Wirksamkeitskontrolle bei Abweichungen

Steuerungshinweis Enger Schulterschluss zwischen Einkauf, Logistik und Zollabteilung ist erforderlich. Elektronische Ursprungsprüfung, Lieferantenbewertungen nach Präferenzzuverlässigkeit und ein klares Kommunikationskonzept erhöhen die Quote.

Weiterführende Analyse Sehr hoch, Präferenzpotenzialanalyse: Wo könnten Präferenzen genutzt werden?, (ML) Lieferantenprozessqualität: Welche Lieferanten liefern zuverlässig die erforderliche Dokumentation?, (ML) Szenario Simulation: Wie verändern sich die Zollkosten bei anderen Lieferketten? (Tab. 4.37)

Beispiel 1,2 Mio € gesparte Abgaben bei 3,0 Mio € theoretisch → 40 % Management/ CFO (Strategische Weiterentwicklung argumentieren): Die Einsparungen durch Zollverfahren steigen kontinuierlich. Die Organisation nutzt zollrechtliche Möglichkeiten zunehmend systematisch. Zollmanagement entwickelt sich zu einem strategischen Faktor im Unternehmen. Wir empfehlen, diese Kompetenzen weiter auszubauen. Management/ Supply Chain (Business Case für Verfahren argumentieren): Ein großer Teil der Einsparungen entsteht durch aktive Veredelung. Diese Verfahren hat besonders hohe wirtschaftliche Effekte. Weitere Produktgruppen könnten davon profitieren. Wir empfehlen, zusätzliche Warenströme für dieses Verfahren zu prüfen.

Tab. 4.37 KPI-Steckbrief 31: Zolleinsparungen durch besondere Verfahren

KPI	KPI 31: Zolleinsparungen durch besondere Verfahren
Zweck/Interpretation	Die KPI quantifiziert den monetären Vorteil aus der Nutzung zollrechtlicher Sonderverfahren im Vergleich zu einer Standardverzollung. Sie ist eine zentrale Brücke zwischen Zollorganisation und Finanz-/Controlling-Bereich.
Formel	(Eingesparte Abgaben/theoretisch fällige Abgaben) × 100
Rechts–/Governance-Bezug	Art. 210–225 UZK (Sonderverfahren), Art. 85 UZK (Abgabenfestsetzung).
Datenquelle	Verfahrensabrechnungen (z. B. aktive Veredelung, Endverwendung, Zolllager), Controlling-Berichte.
Datenreife/Komplexität	mittel bis hoch
Zielwert/Schwelle	ansteigend, abhängig vom Geschäftsmodell und Volumen.
Empfohlene Visualisierung	Pie-Chart: Einsparungen nach Verfahren (wirksamste Verfahren identifizieren). Balkendiagramm: Einsparungen vs. theoretische Abgaben Pareto-Diagramm: Einsparungen nach Produktgruppen, zollintensive Bereiche erkennen.
Zielgruppe/Wirkung	Management/CFO: Wirtschaftlichkeit von Zollprojekten Zollorganisation: Optimierungspotenziale Supply Chain: Lieferkettenstrategie
Audit-Evidenz	Verfahrensabrechnungen (z. B. aktive Veredelung, Endverwendung, Zolllager), Controlling-Berichte; ergänzend Maßnahmenstatus und Wirksamkeitskontrolle bei Abweichungen

Steuerungshinweis Sie eignet sich hervorragend zur Argumentation von Projekten und Bewilligungen (z. B. aktive Veredelung, Zolllager). Voraussetzung sind robuste Verfahrensdokumentation und belastbare Abrechnungslogiken.

Weiterführende Analyse Sehr hoch, Lieferkettenoptimierung: Welche Lieferketten bieten das größte Einsparpotential?, (ML) Verfahrenspotentialanalyse: Wo werden Verfahren bisher nicht genutzt?, (KI) Business-Case-Berechnung: Einsparpotentiale für neue Verfahren, Zollkostensimulation: Wie wirken sich verschieden Zollverfahren finanziell aus? (ML)

4.6 Vom KPI-Framework zum Steuerungssystem

Die in diesem Kapitel vorgestellten KPIs entfalten ihre Wirkung, wenn sie nicht isoliert betrachtet, sondern in ein durchgängiges Steuerungssystem integriert werden. Ziel ist es, aus den Kennzahlen des Frameworks eine konsistente Logik abzuleiten, die sowohl Transparenz schafft als auch konkrete Handlungsimpulse ermöglicht.

Die drei Ebenen der KPI-Steuerung

Ein bewährter Ansatz ist die Strukturierung der KPIs in drei Ebenen mit unterschiedlichen Zielsetzungen. Für eine wirksame Steuerung ist entscheidend, die Anzahl und Auswahl der KPIs an die jeweilige Zielgruppe anzupassen (Tab. 4.38)

Leitprinzip der KPI-Verknüpfung

Die drei Ebenen sind nicht unabhängig voneinander zu betrachten, sondern bilden eine zusammenhängende Steuerungskette:

- **Management-KPIs** zeigen Abweichungen oder Risiken
- **Steuerungs-KPIs** helfen, diese einzugrenzen
- **Analyse-KPIs** erklären die Ursachen

Eine einzelne KPI zeigt ein Problem – mehrere KPIs erklären es.

Das in diesem Buch verwendete Drei-Ebenen-Modell der KPI-Steuerung ist in Abb. 4.2 dargestellt.

Tab. 4.38 KPIs in drei Ebenen

Ebene	Zweck	Anzahl KPIs	Zielgruppe
Management-KPIs	Strategische Steuerung	Max 6–8 KPIs	Vorstand, Geschäftsführung, CFO
Steuerungs-KPIs	Eingrenzung von Problemen und operative Führung	Max 10–12 KPIs	Leitung Zoll/ Exportkontrolle
Analyse-KPIs	Ursachenanalyse und Optimierungen	Flexible, je nach Fragestellung und Bedarf	Fachbereiche, Analysten, Audit

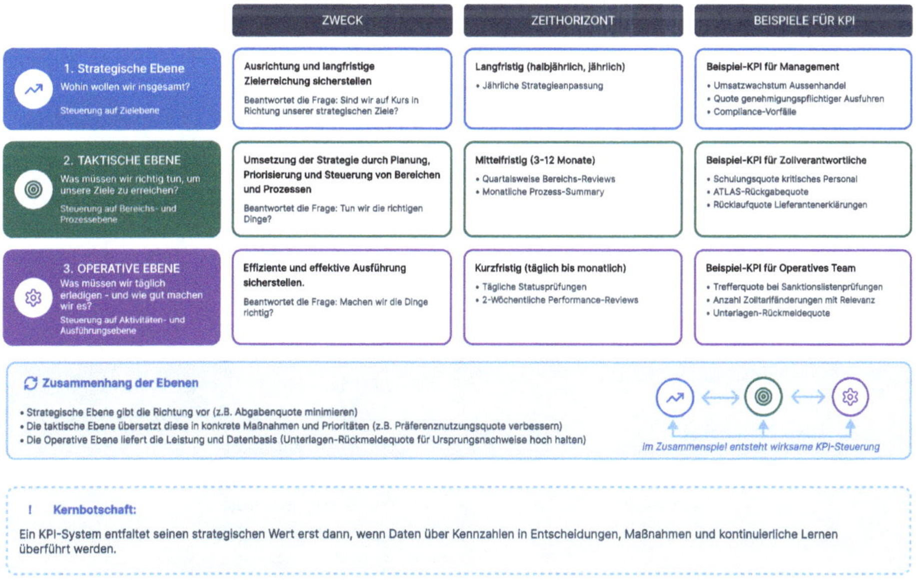

Abb. 4.2 Die drei Ebenen der KPI-Steuerung. (Quelle: Eigene Darstellung)

Beispielhafte KPI-Gruppen aus Managementperspektive
(Siehe Tab. 4.39)

Beispielhafte Struktur von Steuerungs-KPIs
Während Management-KPIs primär Abweichungen sichtbar machen, liegt der Schwerpunkt der Steuerungs-KPIs auf der operativen Einordnung und gezielten Eingrenzung von Problemen. Im Unterschied zur fachlichen Gliederung des KPI-Frameworks erfolgt hier die Auswahl dieser Kennzahlen entlang der Frage: Wer nutzt welche Kennzahlen zur Steuerung?

Gerade im Kontext von Data Storytelling und der Gestaltung von Dashboards ist diese Perspektive entscheidend. In vielen Fällen arbeiten mehrere Rollen gleichzeitig mit denselben Kennzahlen, wie bei bereichsübergreifenden Prozessen. (Tab. 4.40)

Tab. 4.39 Managementperspektive

Gruppe	KPIs
Regulatorisches Risiko	z. B. Compliance-Vorfälle (KPI 13), Exportverweigerungsquote (KPI 22)
Prozessqualität	z. B. Fehlerquote bei Zollanmeldungen (KPI 17), ATLAS-Rückgabequote (KPI 18)
Wirtschaftlichkeit/ Impact	Präferenznutzungsquote (KPI 30), Zolleinsparungen durch Verfahren (KPI 31)
Strategisches Risiko	Quote genehmigungspflichtiger Ausfuhren (KPI20), Exportvolumen in Embargoländer (KPI 23)

Tab. 4.40 Steuerungs-KPIs

Ebene	Steuerungsziel	Beispielhafte KPI
Awareness & Organisation	Funktionieren die organisatorischen Grundlagen des ICP?	KPI 1 – Quote interner Auditierungen KPI 2 – Schulungsquote kritisches Personal KPI 4 – Reaktionszeit bei Compliance-Vorfällen
Operative Prozessqualität	Laufen Zoll- und Exportprozesse stabil und fehlerarm?	KPI 7 – Anteil automatisierter Verfahren KPI 8 – Dokumentationsgenauigkeit KPI 12 – Automatisierungsgrad Exportfreigabe KPI 17 – Fehlerquote bei Zollanmeldungen KPI 9 und 18 – ATLAS-Rückgabequote
Prozesssteuerung	Wo entstehen Verzögerungen oder Informationslücken?	KPI 5 – Vollständigkeit Endverbleibserklärungen KPI 6 – Rücklaufquote Lieferantenerklärungen KPI 26 – Exportblockadequote KPI 28 – Unterlagen Rückmeldequote
Effizienz	Wie effizient ist die Organisation aufgestellt?	KPI 10 – Zollvorgänge pro Mitarbeiter KPI 11 – Durchschnittliche Abfertigungsdauer

Tab. 4.41 Analyse-KPIs

Ebene	KPI
Ursachenanalyse Compliance-Risiken	KPI 15 – Anzahl Zolltarifänderungen mit Relevanz KPI 19 – Trefferquote bei Sanktionslistenprüfungen KPI 24 – Anzahl BAFA-Genehmigungsrückfragen
Ursachenanalyse Operative Prozesse	KPI 3 – Eskalationsquote Exportkontrollprüfungen KPI 5 – Vollständigkeit von Endverbleiberklärungen KPI 28 – Unterlagen-Rückmeldequote
Wirtschaftlichkeitsanalyse	KPI 21 – Anteil Dual-Use-Güter KPI 23 – Exportvolumen in Embargoländer KPI 29 – Abgabenquote (Duty Ratio)

Rolle der Analyse-KPIs

Analyse-KPIs werden in der Regel nicht regelmäßig berichtet, sondern situativ eingesetzt Sie dienen:

- Der Ursachenanalyse
- Der Unterstützung von Audits
- Der Identifikation von Optimierungspotenzialen

Darüber hinaus können ausgewählte Analyse-KPIs auch zur frühzeitigen Erkennung kritischer Entwicklungen genutzt werden, beispielsweise durch gezielte Alerts oder Schwellenwertüberwachungen. Auf diese Weise tragen sie dazu bei, unerwünschte Muster frühzeitig zu erkennen und wiederkehrende Fehler zu vermeiden.

Damit sind sie ein zentraler Bestandteil eines funktionierenden Steuerungssystems – auch wenn sie nicht im Fokus des Management-Reportings stehen (Tab. 4.41).

Analyse-KPIs bilden damit die Grundlage für ein tieferes Verständnis von Abweichungen und Entwicklungen.

In Kombination mit Management- und Steuerungs-KPIs entstehen daraus sogenannte KPI-Ketten, die es ermöglichen, von einem erkannten Problem systematisch zur Ursache und schließlich zu konkreten Maßnahmen zu gelangen.

Von der Kennzahl zur Ursache – KPI-Ketten

Die eigentliche Stärke eines KPI-Systems liegt in der Verknüpfung der Kennzahlen zu sogenannten KPI-Ketten.

Diese ermöglichen es, von einer Auffälligkeit auf Managementebene schrittweise zu den Ursachen vorzudringen, die entsprechende Maßnahmen auslösen können. Abb. 4.2 fasst diesen Zusammenhang zwischen Management-, Steuerungs- und Analyse-KPIs zusammen.

Wirtschaftlichkeitsanalyse

- Management-Ebene: Die Abgabenquote steigt (KPI 29)
  ➔ *Zahlen wir mehr als notwendig?*
- Steuerungsebene: Zolleinsparungen durch Verfahren sind stabil (KPI 31). Die Präferenznutzungsquote sinkt (KPI 30).
  ➔ *Möglichkeiten werden nicht genutzt?*
- Analyseebene: Die Rücklaufquote von Lieferantenerklärungen sinkt (KPI 6)
  ➔ *Präferenzen werden nicht genutzt, weil Ursprungsnachweise fehlen.* Ein konkreter Handlungsansatz wird sichtbar. ◀

Weiterführende Literatur

BAFA (2022) Merkblatt Firmeninterne Exportkontrolle (ICP (Internal Compliance Programmes)), 3. Aufl., April 2022. Bundesamt für Wirtschaft und Ausfuhrkontrolle, Eschborn. https://www.bafa.de/SharedDocs/Downloads/DE/Aussenwirtschaft/afk_merkblatt_icp.html

Cole Nussbaumer Knaflic (2015) Storytelling with Data, Wiley, Hoboken: 31 ff.

Europäische Kommission (o. J.) Tariff classification of goods. https://taxation-customs.ec.europa.eu/customs/calculation-customs-duties/customs-tariff/classification-goods_en. Abruf: 29.04.2026.

Europäische Kommission (2026) Customs valuation. https://taxation-customs.ec.europa.eu/customs/calculation-customs-duties/customs-valuation_en

Few S (2013) Information Dashboard Design. Displaying Data for At-a-Glance Monitoring. 2. Aufl., Analytics Press, Burlingame. ISBN 978-1-938-37700-6.

ISO 37301:2021 Compliance management systems – R – equirements with guidance for use. International Organization for Standardization, Genf. https://www.iso.org/standard/75080.html

Verordnung (EU) 2021/821 des Europäischen Parlaments und des Rates vom 20. Mai 2021 über eine Unionsregelung für die Kontrolle der Ausfuhr, der Vermittlung, der technischen Unterstützung, der Durchfuhr und der Verbringung betreffend Güter mit doppeltem Verwendungszweck (Neufassung), ABl. L 206 vom 11.6.2021, S. 1–461. https://eur-lex.europa.eu/eli/reg/2021/821/oj/eng

Verordnung (EU) Nr. 952/2013 des Europäischen Parlaments und des Rates vom 9. Oktober 2013 zur Festlegung des Zollkodex der Union, ABl. L 269 vom 10.10.2013, S. 1–101. Konsolidierte Fassung. https://eur-lex.europa.eu/eli/reg/2013/952/2022-12-12/eng

5 Visualisierung und Reporting von Kennzahlen in Zoll- und Exportkontrolle

Dieses Kapitel behandelt die zielgruppengerechte Darstellung von KPIs in Zoll und Exportkontrolle. Es zeigt, welche Anforderungen Management, Fachbereich, Revision und Behörden an Reporting, Verdichtung und Nachvollziehbarkeit stellen. Im Fokus stehen Scorecards, Dashboards, Frühwarnindikatoren und Data Storytelling als Mittel, um aus Messwerten steuerungsrelevante Informationen zu machen. Dadurch wird deutlich, dass Visualisierung nicht Gestaltungssache allein ist, sondern ein wesentlicher Teil der Entscheidungs- und Compliance-Kommunikation.

5.1 Zielgerichtete Aufbereitung für unterschiedliche Zielgruppen

Die Wirkung eines KPI-Systems erstreckt sich über die Unternehmensgrenzen hinaus. Neben den internen Zielgruppen – operative Teams, Management, Revision – spielen Behörden eine zunehmend bedeutsame Rolle als externe Informationsempfänger. Hauptzollämter, das Bundesamt für Wirtschaft und Ausfuhrkontrolle (BAFA) sowie europäische Zollbehörden erwarten im Rahmen von Audits, Bewilligungsverfahren und Nachweispflichten zunehmend nicht nur den Nachweis von Einzelmaßnahmen, sondern den Beleg eines systematischen, messbaren Steuerungsansatzes.

Ein gut aufgebautes KPI-System liefert genau diese Evidenz: Es zeigt, dass Compliance nicht situativ, sondern strukturell verankert ist. Frühwarnindikatoren, Schulungsquoten, Fehlerquoten und deren Entwicklung über Zeit belegen eine aktive Steuerungskultur, die über bloße Regelkonformität hinausgeht. Genehmigende Behörden – etwa im

L. S. Gempp, M. Lisica, *Zoll- und Exportkontrolle wirksam steuern*,
https://doi.org/10.1007/978-3-658-52567-5_5

Kontext von AEO-Bewilligungen oder Genehmigungen nach der Dual-Use-Verordnung – berücksichtigen diesen Nachweis bei der Beurteilung der Zuverlässigkeit eines Unternehmens.

Für die Praxis bedeutet dies: Bei der KPI-Konzeption sollte von Anfang an mitgedacht werden, welche Kennzahlen im Rahmen von Behörden-Audits vorgelegt werden können. Nicht alle Indikatoren eignen sich dafür – aber ausgewählte KPIs (z. B. Screeningabdeckung, Genehmigungsquote, Schulungsabschlussquoten, Beanstandungsrate) können, sauber dokumentiert und im Zeitverlauf aufbereitet, zu einem überzeugenden Selbstnachweis gegenüber Prüforganen werden. Dies erhöht nicht nur die Auditfähigkeit der Organisation, sondern positioniert die Trade-Compliance-Funktion als professionellen Ansprechpartner auf Augenhöhe mit Behörden.

Ein erfolgreiches Kennzahlensystem lebt jedoch nicht nur von der präzisen Erhebung, sondern auch von einer zielgruppengerechten Darstellung. Das Reporting im Zoll- und Exportkontrollumfeld richtet sich typischerweise an drei Ebenen und erweitert sich perspektivisch auf 2 weitere Ebenen für unternehmensübergreifende Kommunikation (insbesondere im Zusammenspiel mit Behörden, Partnern und datengetriebenen Plattformen):

- **Top-Management (C-Level, Bereichsleitungen):** Erwartet eine komprimierte, strategisch ausgerichtete Darstellung mit Fokus auf Risiken, Trends, wirtschaftlicher Wirkung und Compliance-Stabilität.
- **Leitung Zoll/Exportkontrolle:** Benötigt operative Einblicke, Entwicklungen über Zeiträume hinweg sowie Kennzahlen zur Prozesssteuerung, Auditvorbereitung und Ressourcenkalkulation.
- **Operative Teams:** Arbeiten mit detaillierten KPI-Auswertungen, zum Beispiel zur Fehleranalyse, Aufgabenpriorisierung oder zur Auswertung einzelner Fallgruppen (z. B. Rückgaben, EVE-Lücken).
- **Externe Stakeholder:** Nach dem politischen Einigungsstand vom 26. März 2026 sieht die EU-Zollreform einen EU Customs Data Hub und eine EU-Zollbehörde vor; die finale Amtsblattfassung und die verbindlichen Anwendungstermine sind vor produktiver Nutzung zu prüfen. Damit entsteht perspektivisch eine Grundlage für eine datengetriebene, EU-weite Steuerung von Zollprozessen. Unternehmen sollten daher frühzeitig überlegen, wie ausgewählte Kennzahlen für externe Transparenz, Vertrauensbildung und risikoorientierte Zusammenarbeit genutzt werden könnten.
- **IT- und Datenplattform-Teams:** Benötigen Kennzahlen zur Sicherstellung der Datenqualität, Verfügbarkeit und Skalierbarkeit des KPI-Systems selbst (Meta-KPIs über das KPI-System selbst). Im Fokus stehen dabei Datenflüsse, technische Stabilität der Datenplattform sowie die Nutzung und Akzeptanz der bereitgestellten Kennzahlen.

Ein gutes Reporting ist modular aufgebaut, wiederkehrend strukturiert und verknüpft qualitative Einschätzungen mit quantitativen Werten. Idealerweise erfolgt die Darstellung in

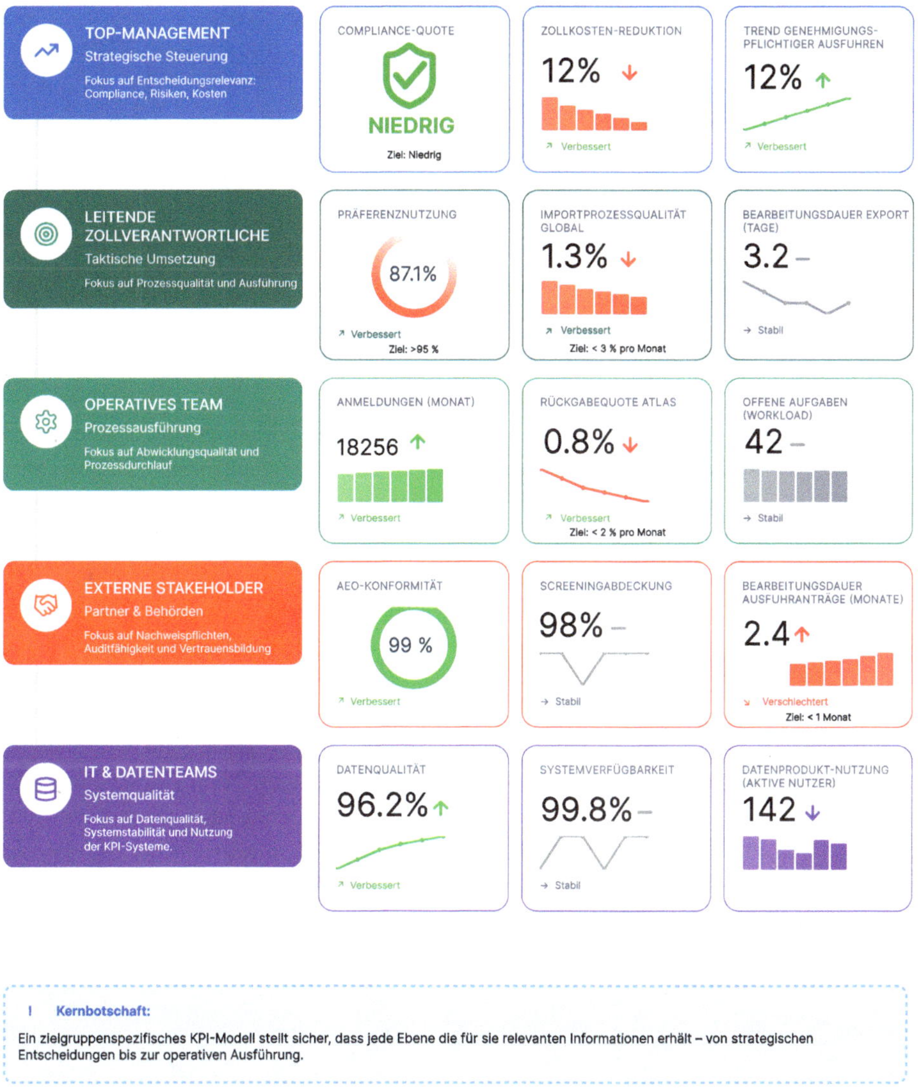

Abb. 5.1 Zielgruppenorientiertes KPI-Reporting. (Quelle: Eigene Darstellung)

einem Digital Dashboard oder in wiederverwendbaren Management-Scorecards. Abb. 5.1 zeigt beispielhaft, wie dieselben KPI-Daten zielgruppengerecht für unterschiedliche interne und externe Empfänger aufbereitet werden können.

5.2 Balanced Scorecard für Zoll und Exportkontrolle – perspektivenbasierter Ansatz

Im Sinne einer strukturierten Steuerung empfiehlt sich die Einteilung der Kennzahlen nach folgenden fünf Perspektiven:

1. **Awareness & Organisation**
2. **Operative Exzellenz & Qualität**
3. **Rechtssicherheit & Compliance**
4. **Regulatorische Kommunikation**
5. **Zollwert & Abgabenmanagement**

Diese Perspektiven folgen der Logik der Balanced Scorecard, sind aber an die Besonderheiten der zoll- und außenwirtschaftsrechtlichen Verantwortung angepasst. Dadurch wird gewährleistet, dass sowohl die rechtlichen Anforderungen als auch wirtschaftliche und organisatorische Interessen abgedeckt werden.

Die Perspektiven bilden dabei nicht nur thematische Cluster, sondern eine durchgängige Steuerungslogik: von der organisatorischen Verankerung, über die operative Leistungsfähigkeit und rechtliche Stabilität bis hin zur externen Wahrnehmung und dem wirtschaftlichen Beitrag des gesamten Bereichs.

Für jede Perspektive wurde im Rahmen dieses Buches ein **visuelles Scorecard-Modul** erstellt, das die zugehörigen KPIs in kompakter Form aufführt. Diese Darstellung eignet sich ideal für Monats- oder Quartals-Reviews, Management-Präsentationen und Behördenkommunikation. Sie ermöglicht es, Entwicklungen konsistent einzuordnen und eine nachvollziehbare Gesamtgeschichte über den Zustand und die Steuerung des Bereichs zu erzählen. Ein Beispiel für eine perspektivenübergreifende KPI-Scorecard im Management-Reporting zeigt Abb. 5.2.

KPI-Kategorie / Name	Ist-Wert	Vormonat	Trend	Zielwert / Benchmark	Abweichung /Tendenz	Interpretation / Einordnung	Status
Awareness & Organisation							
Schulungsquote kritisches Personal	**98.7%**	98.5%	↑	100%	+0.8%	Ziel erreicht	🟡
Eskalationsquote Exportkontrollprüfungen	**1.9%**	2.3%	↑	<2%	-21.1%	Deutliche Verbesserung	🟢
Operative Exzellenz & Qualität							
Automatisierungsgrad Exportfreigabe	**87.1%**	84.2%	↑	>70%	+3.4%	Über Zielwert	🟢
Dokumentationsgenauigkeit	**98.1%**	99%	↓	>98%	-0.1%	Im Rahmen	🟢
Rechtskonformität & Compliance							
Konsistenzquote bei Ursprungserklärungen	**99%**	98.5%	↑	>97%	+0.5%	Exzellent	🟢
Fehlerquote bei Zollanmeldungen	**1,2%**	1,56%	↑	<1%	-33%	Rückläufig	🟡
Regulatorische Kommunikation							
Exportverweigerungsquote	**2.1%**	2.8%	↑	<1%	-33%	Verbessert	🔴
Exportvolumen in Embargoländer	**€1.6M**	€1.5M	→	<€2.0M	+6.3%	Stabil hoch	🟢
Wirtschaftlichkeit							
Präferenznutzungsquote	**97.1%**	68.4%	↑	>95%	+29.6%	Sehr stark	🟢
Zolleinsparungen durch bes. Verfahren	**€2.2M**	€1.4M	↑	>€1.0M	+63.6%	Deutliche Verbesserung	🟢

Legende - Status

🟢 Ziel erreicht / Grün 🟡 Beobachten / Gelb 🔴 Kritisch / Rot

Legende - Trend

↑ Positive Entwicklung → Stabil / unverändert ↓ Negative Entwicklung

SO WIRD DIE SCORECARD GENUTZT

- Die Scorecard wird monatlich im Management-Meeting betrachtet.
- Status- und Trendlogik unterstützen die Interpretation von KPI-Verläufen
- Interpretation liefert Kontext

Abb. 5.2 Beispiel KPI-Scorecard im Einsatz – Management View. (Quelle: Eigene Darstellung)

5.3 Data Storytelling als Grundlage wirksamer KPI-Systeme

Ein Kennzahlensystem entfaltet seine Wirkung nicht durch die reine Erhebung und Darstellung von Daten, sondern durch die Fähigkeit, aus diesen Daten klare, handlungsleitende Erkenntnisse abzuleiten und zielgerichtet zu kommunizieren.

Genau hier setzt Data Storytelling an. Data Storytelling beschreibt die strukturierte Aufbereitung und Vermittlung von Kennzahlen mit dem Ziel, Zusammenhänge verständlich zu machen, Entscheidungen zu unterstützen und eine gemeinsame Sicht auf den Zustand und die Entwicklung eines Bereichs zu schaffen. Es geht dabei nicht nur um Visualisierung, sondern um die bewusste Verbindung von Daten, Kontext und Interpretation, um aktiv zu steuern und Wirkung im eigenen sowie im gesamten Kontext ihres Bereichs zu schaffen.

Ansätze, wie sie beispielsweise von Cole Nussbaumer Knaflic in *„Storytelling mit Daten"* beschrieben werden, zeigen, dass sich wirkungsvolles Data Storytelling nicht automatisch entwickelt. Vielmehr erfordert es Übung, bewusste Gestaltung und ein tiefes Verständnis der jeweiligen Zielgruppe.

Dieses Buch versteht sich daher als praxisnaher Einstieg in das Thema. Ziel ist es nicht, eine vollständige Methodik zu vermitteln, sondern konkrete Ansätze aufzuzeigen, wie im Kontext von Zoll und Exportkontrolle erste Schritte in Richtung einer wirkungsvollen Datenkommunikation gelingen können. Ein zentraler Grundsatz dabei ist:

Wirrwarr ist der Feind – Klarheit ist die Voraussetzung für Wirkung.

Gleichzeitig zeigt die Praxis, dass Klarheit nicht zwangsläufig mit maximaler Vereinfachung gleichzusetzen ist. In unseren frühen Auseinandersetzungen mit Data Storytelling liegt häufig der Fokus auf stark reduzierten, möglichst einfachen Visualisierungen – mit dem Ziel, Inhalte schnell verständlich zu machen. Diese Perspektive greift jedoch zu kurz.

Gerade in operativen Kontexten arbeiten Fachanwenderinnen und Fachanwender auf einer Tiefe, die differenziertere Darstellungen erfordert. Hier können bewusst eingesetzte visuelle Elemente wie Farbcodierungen, Icons oder kombinierte Darstellungen dazu beitragen, komplexe Sachverhalte schneller zu erfassen, Schwerpunkte zu erkennen und gezielt in Detailanalysen einzusteigen.

Machen Sie sich folgendes Spannungsfeld zu Nutze:

- Nähe zum Management erfordert Reduktion und Fokussierung
- Nähe zur operativen Arbeit erlaubt und benötigt visuelle Dichte

Ein wirksames KPI-System berücksichtigt beide Anforderungen und gestaltet seine Darstellungen entsprechend der jeweiligen Nutzungssituation.

Daraus ergibt sich eine zentrale Leitfrage für die Gestaltung von Reports und Dashboards:

Welche Erkenntnis oder Entscheidung soll durch die Darstellung unterstützt werden – und für wen?

Visualisierungen sind damit kein Selbstzweck, sondern ein gezieltes Mittel innerhalb eines übergeordneten Steuerungskonzepts. Wie aus einer Kennzahl über Kontext, Interpretation und Kommunikation schließlich eine Entscheidung entsteht, zeigt Abb. 5.3.

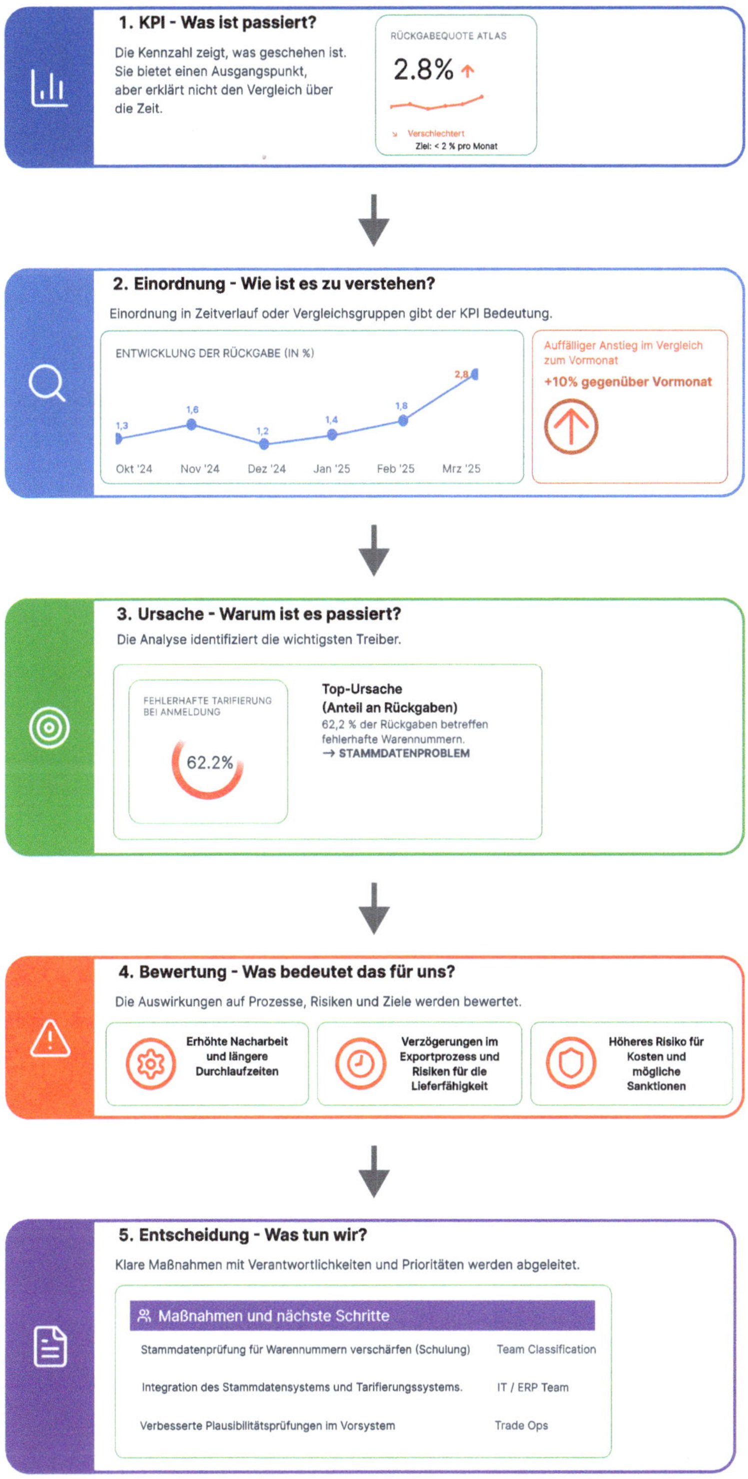

Abb. 5.3 Von der Kennzahl zur Entscheidung – Data Storytelling (Quelle: Eigene Darstellung in Anlehnung an Knaflic 2015)

Im folgenden Abschnitt werden typische Visualisierungsformen vorgestellt und anhand ihres praktischen Nutzens für unterschiedliche Steuerungs- und Entscheidungssituationen erläutert.

5.4 Visualisierungsformen im Überblick

Die Wahl der richtigen Visualisierung orientiert sich nicht primär am Diagrammtyp, sondern der zugrunde liegenden Fragestellung, dem KPI-Typ, Aussageziel und Zielgruppe ab (Tab. 5.1).

Zur Umsetzung eignen sich BI-Tools wie **Power BI, Tableau, QlikView,** aber auch Excel in Kombination mit Pivot-Reports, Power Query oder Visual Basic Makros.

Tab. 5.1 Typische Visualisierungsformen

Visualisierungstyp	Einsatzbereich	Beispielhafte KPI
Ampeldarstellung (RAG)	Sofortige Statuserkennung und schnelle Bewertung von Handlungsbedarf anhand von Schwellenwerten	Fehlerquote bei Zollanmeldungen
Säulen-/ Balkendiagramm	Vergleich von Entwicklungen oder Volumina über Zeit oder zwischen Gruppen	Anzahl Rückgaben ATLAS pro Monat
Liniendiagramm mit Trendlinie	Verlauf über Zeiträume, Frühindikatoren, Erkennung von Trends und Entwicklungen über Zeiträume hinweg	Bearbeitungsdauer Ausfuhranträge
Tachometer/ Dashboard-Widget	Verdichtete Darstellung von Ziel- und Ist-Werten für einzelne KPIs mit Fokus auf schnelle Orientierung	Automatisierungsgrad Exportfreigabe
Heatmap (Farbintensität)	Abweichungen nach Ländern, Warengruppen, Identifikation von Auffälligkeiten und Mustern über Dimensionen hinweg	Dual-Use-Güter-Anteil
Matrix-Darstellung	Reifegradmodelle, Eskalationsstufen, Darstellung von Zusammenhängen oder Abhängigkeiten zwischen zwei Dimensionen	Schulungsquote vs. Eskalationsquote

5.5 KPI Scorecard – Reportingstruktur nach Perspektiven

Die Scorecard dient nicht nur der Darstellung einzelner Kennzahlen, sondern als integriertes Steuerungsinstrument, das Zusammenhänge sichtbar macht, Entwicklungen einordnet und gezielte Maßnahmen ableitbar macht (Tab. 5.2 und 5.3).

Tab. 5.2 Elemente einer Scorecard für das Zoll- und Exportkontrollreporting

Feld	Inhalt
KPI-Name	Eindeutige, verständliche Bezeichnung
Zugehörige Perspektive	z. B. Operative Effizienz & Qualität
Formel/Definition	Eindeutige Messlogik
Rechtsbezug	Referenz auf UZK, AWG, EU-VO, BAFA
Zielwert/Benchmark	Intern, extern oder regulatorisch definiert
Ampelfarbe/Tendenz	Status zur letzten Periode
Beispiel oder Visualisierung	Konkreter Praxisbezug oder Bildausschnitt
Reporting Frequenz/ Aktualität	Zeitlicher Bezug der Kennzahl (z. B. täglich, monatlich) sowie Aussage zur Aktualität der zugrunde liegenden Daten
Interpretation/ Einordnung	Kurzbeschreibung der Aussage und ggfs. Ableitung von Handlungsbedarf
Steuerungsimpuls	Übersetzt den gemessenen KPI-Wert in eine konkrete Handlungsempfehlung

Tab. 5.3 Beispielhafte Darstellung (gekürzt)

KPI	Perspektive	Ist-Wert	Ziel-Wert	Status
Schulungsquote kritisches Personal	Awareness & Organisation	96 %	100 %	
Fehlerquote Zollanmeldungen	Rechtssicherheit & Compliance	1,2 %	<1 %	
Automatisierungsgrad Exportfreigabe	Effizienz & Qualität	78 %	>70 %	

5.6 Frühwarnindikatoren und Eskalation

Besondere Aufmerksamkeit gilt KPIs, die als **Frühwarnindikatoren** eingesetzt werden können. Dazu zählen:

- **ATLAS-Rückgabequote**
- **Trefferquote bei Sanktionslistenprüfungen**
- **Exportverweigerungsquote**
- **Bearbeitungsdauer Ausfuhranträge**
- **Rücklaufquote Lieferantenerklärungen**

Wird ein Schwellenwert mehrmals überschritten oder eine negative Tendenz erkannt, kann das System automatisch eine **interne Eskalation** auslöse, z. B. Benachrichtigung an Exportkontrollbeauftragte, Vorschlag für Korrekturmaßnahmen oder direkte Eskalation ans Management.

5.7 Reifegradorientierte KPI-Nutzung

Bei der Auswahl und Priorisierung von KPIs wird häufig zu stark auf die fachliche Relevanz geachtet und zu wenig auf die tatsächliche Umsetzbarkeit. In der Praxis scheitern KPI-Systeme nicht selten daran, dass die benötigten Daten nicht in der erforderlichen Qualität, Aktualität oder Automatisierung verfügbar sind. Ein KPI, das fachlich sinnvoll ist, aber manuell und mit hohem Aufwand ermittelt werden muss, wird mittelfristig nicht zuverlässig gepflegt werden und damit seinen Steuerungszweck verfehlen.

Es empfiehlt sich daher, für jede Kennzahl im Rahmen des KPI-Steckbriefs auch eine ehrliche Bewertung der Datenreife und des Implementierungsaufwands vorzunehmen. Die Datenreife beschreibt, wie gut die Datenquelle tatsächlich nutzbar ist:

- Wie hoch ist die Datenqualität (Vollständigkeit, Korrektheit, Konsistenz)?
- Wie aktuell sind die Daten (tagesgenau, wöchentlich aggregiert, nur auf Anfrage)?
- Wie stabil ist die Datenquelle über Zeit (gleichbleibende Struktur oder häufige Schnittstellenveränderungen)?

Der Implementierungsaufwand beschreibt den initialen und laufenden Aufwand für Aufbau und Pflege: Erstaufwand für technische Anbindung und Prozessabstimmung; laufender Aufwand für manuelle Pflege, Plausibilitätsprüfungen und Datenaktualisierung; Komplexität durch beteiligte Einheiten (z. B. IT, Fachbereich, externe Dienstleister, Behörden).

Tab. 5.4 Reifegradmodell

Reifegrad	Typische Kennzahlen	Zielgruppe
Stufe 1: Transparenz	Anzahl Zollanmeldungen, Schulungsquote	Operative Teams
Stufe 2: Kontrolle	Fehlerquote, Rückgabequote, EVE-Vollständigkeit	Fachbereichsleitung
Stufe 3: Steuerung	Automatisierungsgrad, Duty Ratio, Verfahrensnutzung	Leitung, Controlling
Stufe 4: Integration	KPI-Dashboards vernetzt mit Supply Chain KPIs	C-Level, Konzernsteuerung

Eine einfache Ampel-Bewertung (Gering/Mittel/Hoch) für beide Dimensionen ermöglicht eine schnelle Priorisierung. Ein KPI mit hoher Datenreife und geringem Implementierungsaufwand eignet sich als Sofortmaßnahme für das MVP-Reporting. Eine KPI mit niedriger Datenreife und hohem Aufwand sollte in einer späteren Ausbaustufe adressiert werden – sobald die Datenbasis systematisch verbessert wurde.

Diese Priorisierungslogik spiegelt sich direkt in der Balanced Scorecard wider: Sie verhindert, dass ein KPI-System mit dem Anspruch startet, alles gleichzeitig zu messen, und am Ende nichts verlässlich misst.

Unternehmen unterscheiden sich hinsichtlich ihrer Datenverfügbarkeit und Prozessdigitalisierung. Daher wird empfohlen, KPI-Nutzung nach einem **Reifegradmodell** zu staffeln (Tab. 5.4).

Datenreife und Umsetzungsaufwand als Steuerungsdimension. Die Einordnung von KPIs nach Reifegrad sollte nicht isoliert erfolgen. In der Praxis zeigt sich, dass die Umsetzbarkeit und Aussagekraft einer Kennzahl maßgeblich von der zugrunde liegenden Datenbasis abhängen.

Daher empfiehlt es sich, bei der Auswahl und Priorisierung von KPIs zwei zusätzliche Dimensionen zu berücksichtigen:

- **Datenreife:** Qualität, Aktualität und Stabilität der verfügbaren Daten
- **Implementierungsaufwand:** Aufwand für Aufbau, Integration und laufenden Pflege der Kennzahl

Nicht jede fachlich sinnvolle Kennzahl ist automatisch sinnvoll umsetzbar. Die Abwägung von Datenreife und Implementierungsaufwand unterstützt eine realistische Priorisierung und den schrittweisen Ausbau des KPI-Systems. Eine einfache qualitative Bewertung (z. B. gering, mittel, hoch) ist dafür in der Praxis meist ausreichend (Abb. 5.4).

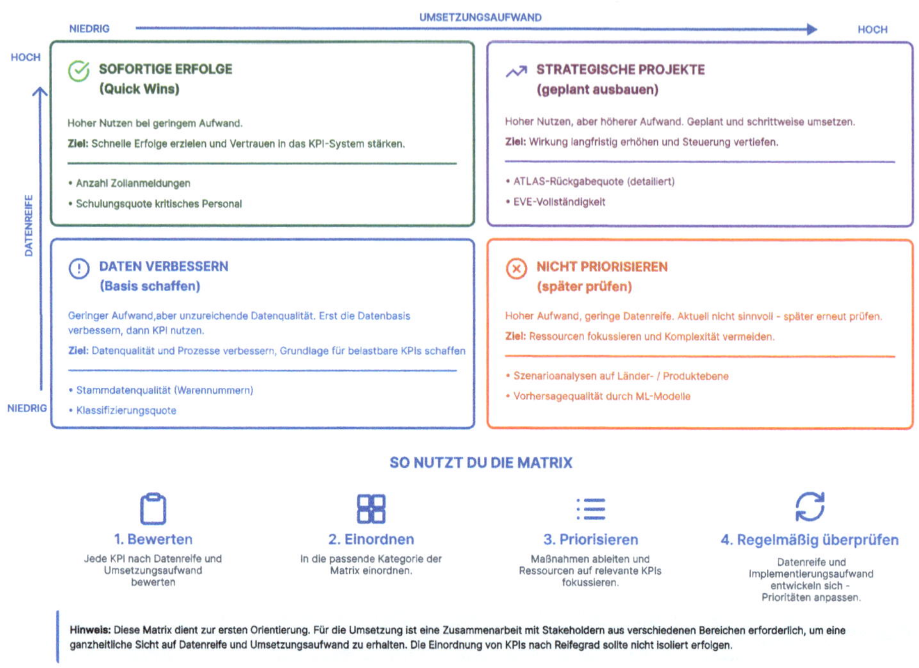

Abb. 5.4 KPI-Priorisierung nach Datenreife und Umsetzungsaufwand. (Quelle: Eigene Darstellung)

5.8 Externe Anforderungen und Auditfähigkeit

Regulatoren wie das BAFA, die Zollbehörden oder Wirtschaftsprüfer verlangen zunehmend nachvollziehbare Steuerungsdaten. In Auditierungen können folgende Fragen auftreten:

- Wie häufig werden interne Auditierungen zur Exportkontrolle durchgeführt?
- Gibt es KPIs zur Sanktionslistenprüfung und deren Trefferquote?
- Wie wird die Schulung und Awareness dokumentiert?
- Existieren Frühindikatoren für kritische Geschäftsvorfälle?

Ein visuell strukturiertes Reporting erhöht die Auditfähigkeit und demonstriert gegenüber Behörden und Auditoren die Compliance-Reife des Unternehmens.

Weiterführende Literatur

Cole Nussbaumer Knaflic (2015) Storytelling with Data, Wiley, Hoboken. ISBN 978-3-8006-5374-4.
Few S (2013) Information Dashboard Design. Displaying Data for At-a-Glance Monitoring. 2. Aufl., Analytics Press, Burlingame. ISBN 978-1-938-37700-6.
Löwe S, Freese I, Kunath C, Schäffer T, Beckmann H (2025) Auf dem Weg zum datengetriebenen Unternehmen: Handlungsempfehlungen für ein effektives Datenmanagement in Enterprise Systems auf Basis von Data3M. HMD Praxis der Wirtschaftsinformatik.

6 Benchmarking und kontinuierliche Verbesserung

Dieses Kapitel ordnet Benchmarking als Instrument zur Einordnung und Weiterentwicklung von Kennzahlen ein. Es unterscheidet interne und externe Vergleichslogiken und macht deutlich, warum Zielwerte im Zoll- und Exportkontrollumfeld immer im Kontext von Risiko, Prozessreife, Datenqualität und Geschäftsmodell interpretiert werden müssen. Der Schwerpunkt liegt auf der Nutzung von Benchmarks für kontinuierliche Verbesserung statt auf reinem Leistungsvergleich. Damit wird Benchmarking als Lern- und Steuerungsinstrument in ein nachhaltiges KPI-System eingebettet. Der zugrunde liegende Steuerungszyklus ist in Abb. 6.1 dargestellt.

6.1 Zielsetzung von Benchmarking in Zoll und Exportkontrolle

Benchmarking ist ein systematischer Vergleich von Kennzahlen, Prozessen und Leistungswerten mit internen oder externen Referenzen. Externe Orientierungswerte wie Branchendurchschnitt oder Peer-Gruppe dürfen jedoch nicht ungeprüft als Zielwerte übernommen werden. Ein Zielwert ist regelmäßig eine interne Managemententscheidung, die aus Risikoexposition, Prozessreife, Datenlage, Ressourcen und Geschäftsmodell abgeleitet wird. Im Bereich Zoll- und Exportkontrolle dient Benchmarking daher vor allem der Einordnung, der strategischen Weiterentwicklung von Compliance-Strukturen und der Diskussion von Verbesserungspotenzialen. Ziel ist es:

- Leistungsunterschiede zu erkennen und zu analysieren,
- Best Practices zu identifizieren und zu übernehmen,

L. S. Gempp, M. Lisica, *Zoll- und Exportkontrolle wirksam steuern*,
https://doi.org/10.1007/978-3-658-52567-5_6

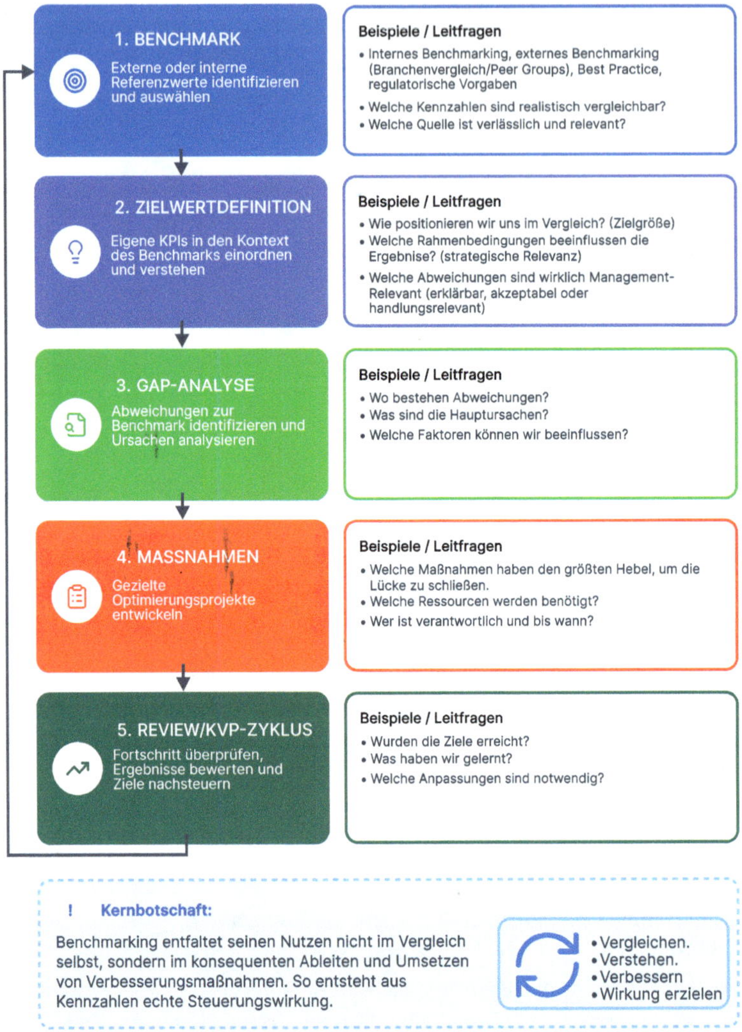

Abb. 6.1 Benchmarking als Steuerungszyklus. (Quelle: Eigene Darstellung)

- realistische Zielwerte für KPIs zu setzen,
- den Reifegrad im internationalen Vergleich einzuordnen,
- Verbesserungsmaßnahmen gezielt zu priorisieren.

▶ Strategischer Hebel: Durch aktive Einbindung des Managements in die Zielwertbestimmung steigt die Akzeptanz der Kennzahlen erheblich – das Management erkennt eigene Entscheidungen darin wieder. Kennzahlen, die intern nicht „verkauft“ werden, verlieren über die Zeit an Wirkung. Wer KPIs als Qualitätsmerkmal gegenüber internen und externen Kunden kommuniziert, schöpft den vollen Steuerungshebel aus.

Tab. 6.1 Benchmark-Typen

Benchmark-Typ	Beschreibung	Beispiele
Internes Benchmarking	Vergleich von KPIs innerhalb eines Konzerns (z. B. zwischen Standorten oder Tochtergesellschaften)	Rückgabequote ATLAS zwischen zwei Werken
Externes Benchmarking (Branchenvergleich)	Vergleich mit anderen Unternehmen derselben Branche	Präferenznutzungsquote in der jeweiligen Branche
Best Practice Benchmarking	Vergleich mit den besten bekannten Verfahren (auch branchenfremd)	Zollprozessautomatisierung bei Weltmarktführern
Regulatorisches Benchmarking	Vergleich mit Vorgaben aus Auditberichten, BAFA-Leitlinien oder AEO-Anforderungen	Schulungsquote kritisches Personal = 100 % (BAFA-Empfehlung)

6.2 Benchmarking-Arten im Kontext Zoll und Exportkontrolle

(Siehe Tab. 6.1)

6.3 Datenquellen für Benchmark-Vergleiche

Eine besondere Herausforderung besteht in der Verfügbarkeit belastbarer Vergleichsdaten. Folgende Quellen stehen zur Verfügung (Tab. 6.2):

Die eigene KPI-Historie stellt häufig die verlässlichste Benchmark dar, da Kontext und Datenlogik im Unternehmen bekannt sind. Sie ermöglicht eine klare Einordnung von Entwicklungen und unterstützt fundierte Managemententscheidungen.

Eine gemeinsame Definition und Weiterentwicklung dieser internen Benchmarks stärkt zudem die Akzeptanz und das Vertrauen in die Kennzahlen.

Tab. 6.2 Quellen

Quelle	Mögliche Benchmarks	Hinweis
BAFA-ICP-Leitlinie	Schulungsquote, Reaktionszeit, Auditquote	Qualitative Anforderungen und Idealziele
WCO Performance Measurement Compendium	Kontrollquote, Abfertigungsdauer, Zufriedenheitsindizes	Für internationale Vergleichswerte geeignet
AEO-Leitlinien und Zoll-Auditierungen	Dokumentationsanforderungen, Fehlerquoten, Verfahrensnachweise	Als Mindeststandard für zugelassene Wirtschaftsbeteiligte
Studien & Fachverbände (z. B. ICC, DIHK, BME)	Nutzung von Sonderverfahren, Präferenzquote, Ressourceneinsatz	Branchenspezifische oder sektorale Auswertungen
Eigene Historie & Trenddaten	Entwicklung eigener KPIs im Zeitverlauf	Interne Reifegrad- und Trendanalyse

6.4 Anwendung von Benchmark-Ergebnissen in der Praxis

Ein intelligentes Benchmarking nutzt die Kennzahlen nicht isoliert, sondern setzt sie gezielt zur Verbesserung ein:

1. **Zielwertdefinition**
   →Ableitung realistischer, aber ambitionierter Zielgrößen auf Basis externer Daten
2. **Gap-Analyse**
   →Identifikation von Abweichungen zur Benchmark und deren Ursachen (z. B. fehlende Schulungen, IT-Lücken)
3. **Maßnahmenentwicklung**
   →Entwicklung konkreter Optimierungsprojekte (z. B. Ausbau Automatisierungsgrad, Trainingsprogramm für Exportverantwortliche)
4. **Zielüberprüfung (KVP-Zyklus)**
   →Regelmäßige Überprüfung der Zielerreichung, Nachsteuerung durch Maßnahmenanpassung (vgl. Deming 2018)

6.5 Praxisbeispiele für Benchmark-gestützte Steuerung

Beispiel 1: Präferenznutzungsquote in der Chemieindustrie

- **Ausgangssituation:** 78 % genutzte Präferenzen, Branchenbenchmark liegt bei 95 %
- **Maßnahmen:** Stammdatenprüfung, Lieferantenkommunikation, Einführung digitaler Ursprungsprüfung
- **Ergebnis:** Quote steigt innerhalb eines Jahres auf 94 %

Beispiel 2: Fehlerquote Zollanmeldungen bei Dienstleistern

- **Ausgangssituation:** Fehlerquote bei Dienstleister A: 2,4 %; Benchmark bei vergleichbaren Unternehmen: < 1 %
- **Maßnahmen:** Einführung von SOPs, Trainings, Penalty-Mechanismus im Vertrag
- **Ergebnis:** Reduktion auf 0,9 % innerhalb von 6 Monaten

Beispiel 3: Auditquote Exportkontrolle

- **Ausgangssituation:** Nur 50 % der geplanten internen Auditierungen werden durchgeführt
- **Benchmark/Regulatorik:** 100 % (BAFA-Leitlinie)
- **Maßnahmen:** Einführung Auditplan, Zuweisung Ressourcen, Nutzung digitaler Checklisten
- **Ergebnis:** Steigerung auf 100 % im Folgejahr

6.6 Reifegradmodell für den Einsatz von KPIs und Benchmarks

Ein wesentlicher Aspekt, der bei Daten-Governance häufig vernachlässigt wird, ist die explizite Regelung von Data Ownership (vgl. Löwe et al. 2025; Dehghnai 2022; Gronwald 2024): Genauso wie für interne Daten (z. B. Zollanmeldedaten, Screening-Logs) muss auch für externe Daten (z. B. Listenquellen, Behördendaten, Marktdaten) die Verantwortlichkeit eindeutig definiert sein.

▶ Empfehlung: Für jede KPI sollte im Datensteckbrief ein Data Owner (intern) und ggf. ein Data Steward für externe Quellen benannt sein. Ohne diese Zuordnung entsteht ein strukturelles Risiko für die Verlässlichkeit des KPI-Systems.

Unternehmen lassen sich nach Reifegraden differenzieren (vgl. Löwe et al. 2025; Rashedi 2022; Gronwald 2024). Die Integration von Benchmarking hängt stark vom Digitalisierungs- und Organisationsniveau ab (Tab. 6.3).

Tab. 6.3 Benchmarks und Differenzierung nach Reifegraden

Reifegrad	Merkmale	Rolle von Benchmarks
Level 1 – Grundlagen	Erste KPIs definiert, manuelle Auswertung	Interner Vergleich, Lernphase
Level 2 – Kontrolle	Strukturierte KPI-Erhebung, Reporting etabliert	Externe Benchmarks helfen zur Einordnung
Level 3 – Steuerung	Kennzahlen als Steuerungsinstrument im Alltag	Benchmarks als Referenz für Zielwerte
Level 4 – Integration & Vorausschau	KPI-Dashboards mit Frühwarnlogik, Predictive Analytics	Benchmarks als Bestandteil strategischer Planung & Risikofrüherkennung

Ein häufig unterschätzter Erfolgsfaktor für den Einsatz von KPIs und Benchmarks ist die klare Definition von Verantwortlichkeiten. Eine saubere Data Ownership stellt sicher, dass Benchmarks konsistent genutzt werden und als verlässliche Grundlage für Steuerungs- und Managemententscheidungen dienen.

Während für interne Kennzahlen in der Regel bereits Data Owner oder fachliche Verantwortliche etabliert sind, gilt dies für externe Benchmark-Daten häufig nur eingeschränkt. Dabei ist auch hier eine klare Zuständigkeit erforderlich – insbesondere für die Auswahl geeigneter Quellen, die Sicherstellung der Vergleichbarkeit sowie die kontinuierliche Pflege und Einordnung der Daten.

6.7 Erfolgsfaktoren für ein nachhaltiges Benchmarking

Damit Benchmarking dauerhaft Wirkung entfaltet, sind folgende Faktoren entscheidend:

- **Management-Commitment**: Benchmarks müssen als strategisches Steuerungsinstrument anerkannt und eingefordert werden.
- **Transparente Kommunikation**: Ergebnisse müssen verständlich aufbereitet und den Beteiligten vermittelt werden.
- **Qualität der Datenbasis**: Nur valide, vergleichbare Daten schaffen echte Aussagen – Clean Data ist Pflicht.
- **Integration in den KVP**: Benchmarkabweichungen sollten direkt in Verbesserungszyklen einfließen (vgl.Deming 2018).

Literatur

Deming WE (2018) The New Economics for Industry, Government, Education. MIT Press, Cambridge. ISBN 978-0-262-53593-9.

Gronwald KD (2024) Data Management: Der Weg zum datengetriebenen Unternehmen. Springer, Berlin Heidelberg. ISBN 978-3-66268-667-6.

Löwe S, Freese I, Kunath C, Schäffer T, Beckmann H (2025) Auf dem Weg zum datengetriebenen Unternehmen: Handlungsempfehlungen für ein effektives Datenmanagement in Enterprise Systems auf Basis von Data3M.

HMD Praxis der Wirtschaftsinformatik. Dehghani Z (2022) Data Mesh: Delivering Data-Driven Value at Scale. O'Reilly Media, Sebastopol. ISBN 978-1-4920-9239-1

Rashedi J (2022) Das datengetriebene Unternehmen: Erfolgreiche Implementierung einer data-driven Organization. Springer Fachmedien, Wiesbaden. ISBN 978-3-65836-423-6.

7 Risiko-Monitoring in Zoll- und Exportkontrolle

Dieses Kapitel zeigt, wie ein risikobasiertes Monitoring im Zoll- und Exportkontrollumfeld aufgebaut werden kann. Es verbindet Frühwarnindikatoren, Eskalationslogik, Dashboard-Strukturen und Schnittstellen zum internen Kontrollsystem. Dabei wird deutlich, dass wirksames Risiko-Monitoring nicht nur einzelne Verstöße erkennen soll, sondern Muster, Ursachen und Veränderungen im Risikoprofil sichtbar machen muss. Das Kapitel schafft die Brücke zwischen operativen KPIs, Compliance-Management und Management-Entscheidungen.

7.1 Bedeutung des Risiko-Monitorings

In einer zunehmend geopolitisch geprägten und regulierten Weltwirtschaft ist das Risiko-Monitoring in Zoll- und Exportkontrolle ein unverzichtbarer Bestandteil jeder Compliance-Strategie. Unternehmen stehen unter Druck, regulatorische Risiken frühzeitig zu erkennen, Geschäftsunterbrechungen zu vermeiden und ihre Geschäftspartner, Lieferketten und Produkte kontinuierlich auf sicherheits- und sanktionsrelevante Risiken zu prüfen.

Ein effektives Risiko-Monitoring erfüllt dabei mehrere Funktionen:

- **Frühwarnsystem** für potenzielle Verstöße oder Eskalationen,
- **Transparenz** gegenüber Management und Behörden,
- **Steuerungsinstrument** für interne Ressourcen,
- **Grundlage für Eskalations- und Notfallprozesse.**

L. S. Gempp, M. Lisica, *Zoll- und Exportkontrolle wirksam steuern*,
https://doi.org/10.1007/978-3-658-52567-5_7

Der Zusammenhang zwischen Kennzahlen, Risikobewertung und daraus abgeleiteten Maßnahmen ist in Abb. 7.1 dargestellt.

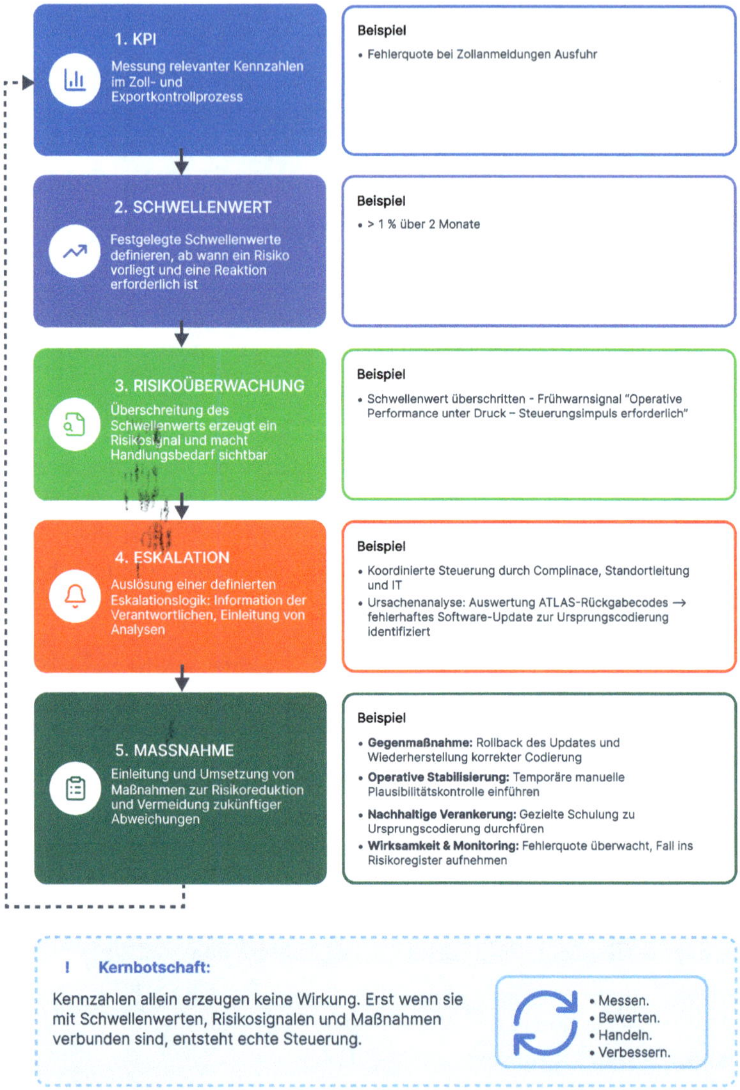

Abb. 7.1 KPI – Risiko – Maßnahme. (Quelle: Eigene Darstellung)

7.2 Ziele und Anforderungen

Ziel des Risiko-Monitorings ist es, Schwachstellen und Gefährdungen im Unternehmenskontext frühzeitig zu identifizieren, zu bewerten und aktiv zu steuern. Dabei gelten folgende Anforderungen:

- **Vollständigkeit:** Abdeckung aller relevanten Risikodimensionen (Produkt, Kunde, Land, Transaktion, Organisation).
- **Aktualität:** Laufende Aktualisierung und regelmäßige Validierung der Risikobewertungen.
- **Nachvollziehbarkeit:** Dokumentation der Risikoquellen, Prüfschritte und Maßnahmen.
- **Integrierbarkeit:** Anbindung an vorhandene Systeme wie ERP, SAP GTS, Risk Engines oder Compliance-Plattformen.
- **Wirtschaftlichkeit:** Das Verhältnis zwischen Risikoabdeckung und Umsetzungs-/Betriebsaufwand muss angemessen sein.

7.3 Aufbau eines risikobasierten Monitoring-Systems

Ein effektives Risiko-Monitoring folgt einem strukturierten, mehrstufigen Ansatz (Tab. 7.1).

Tab. 7.1 Risiko-Monitoring

Stufe	Beschreibung	Tools/Methoden
1. Risikoidentifikation	Ermittlung potenzieller Risiken in Prozessen, Geschäftspartnern, Produkten, Ländern etc.	Sanktionslistenabgleich, Endverbleibsanalyse, Ländercheck, Transaktionsprüfung
2. Risikobewertung	Qualitative und quantitative Bewertung (z. B. Schadenshöhe × Eintrittswahrscheinlichkeit)	Risk Scoring, Matrixanalyse, Heatmaps
3. Risikoüberwachung	Kontinuierliche Überprüfung und Steuerung von Risikofeldern und KPI-Verläufen im Vergleich zu definierten Schwellen – und Zielwerten	KPI-Monitoring, Frühindikatoren, Trendanalysen
4. Eskalation & Maßnahmen	Auslösung definierter Maßnahmen bei Überschreiten von Schwellenwerten oder Auftreten kritischer Ereignisse	Eskalationsmatrix, Notfallkommunikation, Behördenmeldung

Tab. 7.2 Kennzahlen als Frühwarnindikatoren

KPI	Risikoanzeige	Schwellenwert*
Fehlerquote bei Zollanmeldungen	Hinweis auf operative Schwächen oder Schulungsbedarf	>1 % über 3 Monate
Trefferquote bei Sanktionslistenprüfungen	Mangelhafte Stammdatenpflege, potenzieller Verstoß	>0,05 % mit manueller Eskalation
Exportverweigerungsquote	Compliance-Verstöße, organisatorische Schwächen	>1 %
Reaktionszeit bei Vorfällen	Mangelnde Notfallstruktur	>3 Tage im Durchschnitt
Eskalationsquote Exportkontrollprüfungen	Prüflogik greift zu spät oder zu grob	>2 %

7.4 Integration von KPIs in das Risiko-Monitoring

KPIs liefern die quantitativen Grundlagen für ein wirksames Risiko-Monitoring. Bestimmte Kennzahlen eignen sich besonders als Frühwarnindikatoren (Tab. 7.2).

Diese Kennzahlen sollten in regelmäßigen Abständen – idealerweise in einem automatisierten Dashboard – überwacht werden. Sobald Schwellenwerte überschritten werden, werden **Risikosignale** erzeugt und ein definierter Analyse- und Maßnahmenprozess ausgelöst. Erst durch die Verknüpfung von KPI, Schwellenwert und Maßnahmenlogik entsteht ein durchgängiges System, das Risiken nicht nur sichtbar macht, sondern aktiv steuerbar. Die in diesem Werk genannten Schwellenwerte sind beispielhafte Richtgrößen und dienen der Orientierung. Sie sind unternehmensindividuell festzulegen und müssen sich an der eigenen Risikotoleranz, Bewilligungssituation, Branche und Unternehmensgröße orientieren. Eine unreflektierte Übernahme ohne Anpassung ist nicht empfehlenswert.

7.5 Dashboard-Logik für Risiko-Monitoring

Ein modernes Risiko-Dashboard im Bereich Zoll- und Exportkontrolle umfasst:

- **Status-Ampeln:** Grün (im Rahmen), Gelb (Warnung), Rot (Kritisch)
- **Trendanalyse:** Darstellung der KPI-Entwicklung über Zeiträume
- **Drill-down-Funktion:** Detaillierte Einsicht auf Länder, Werke, Produkte, Lieferanten
- **Alerts/Notifications:** Automatisierte Benachrichtigung bei Schwellenüberschreitungen
- **Verknüpfung mit Maßnahmenmanagement:** Hinterlegung von Workflows bei kritischen Fällen

7.6 Erweiterte Analytik und lernende Verfahren im Risiko-Monitoring

Die Weiterentwicklung des Risiko-Monitorings erfolgt typischerweise schrittweise – von regelbasierten Verfahren über statistische Analysen bis hin zu KI-gestützten Ansätzen (vgl. Iansiti und Lakhani 2020). Ein mögliches Entwicklungsmodell ist in Abb. 7.2 dargestellt. Die schrittweise Weiterentwicklung von regelbasierten zu datengetriebenen und lernenden Systemen wird in der Literatur als typischer Reifungspfad datengetriebener Organisationen beschrieben (vgl. Rashedi 2022; Iansiti und Lakhani 2020). Entscheidend ist dabei nicht der Einsatz einzelner Technologien, sondern deren sinnvolle Kombination entlang von Datenreife, Nachvollziehbarkeit und konkretem Anwendungsnutzen. Zur reinen Verprobung von Hypothesen in der Data-Discovery-Phase ist es jedoch weder notwendig noch sinnvoll, strikt entlang solcher Stufenmodelle vorzugehen.

Regelbasiertes Monitoring (Grundlage)
Den Ausgangspunkt bilden regelbasierte Verfahren, bei denen Schwellenwerte, Prüfregeln und Eskalationslogiken definiert werden.

Beispiele:

- KPI-basierte Alerts bei Schwellenwertüberschreitungen
- Regelbasierte Eskalationsmechanismen

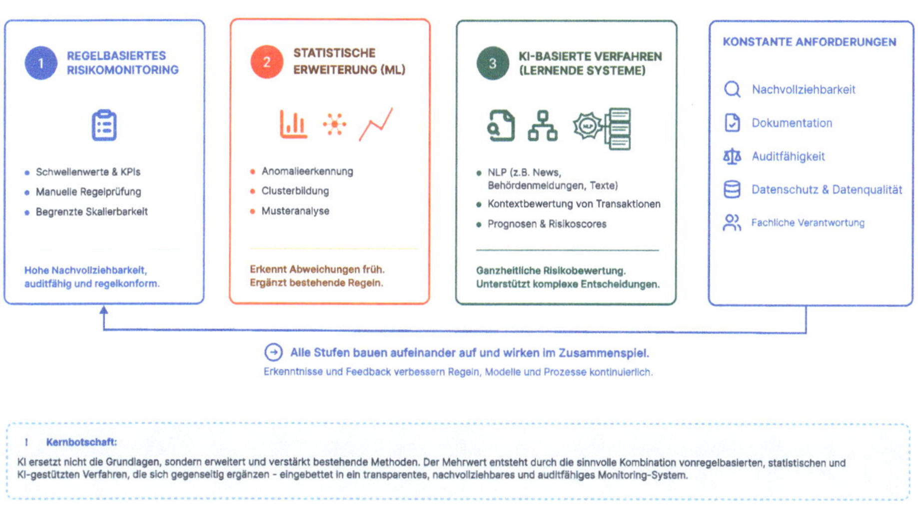

Abb. 7.2 Erweiterte Analytik und lernende Verfahren im Risiko-Monitoring. (Quelle: Eigene Darstellung in Anlehnung an Iansiti und Lakhani 2020 sowie Rashedi 2022)

Mehrwert:

- Hohe Transparenz und Nachvollziehbarkeit durch klare deterministische Entscheidungslogik
- Auditfähigkeit gegenüber Behörden

Statistische Erweiterung (Machine Learning)
Darauf aufbauend können statistische Verfahren eingesetzt werden, um Muster, Abweichungen und Zusammenhänge automatisiert zu erkennen.
Beispiele:

- Anomalieerkennung zur Identifikation von „Outlier Events" im KPI-Verlauf (z. B. plötzlicher Anstieg von Exportverweigerungen)
- Clusterbildung bei Geschäftspartnern
- Identifikation ungewöhnlicher Transaktionsmuster (z. B. ungewöhnliche Warenverkehre mit Hochrisikoländern)

Mehrwert:

- Früherkennung von Risiken jenseits definierter Regeln
- Erweiterung bestehender Logiken, ohne deren Transparenz zu verlieren
- Gute Erklärbarkeit durch Bezug auf historische Daten und Vergleichswerte

KI-basierte Verfahren (lernende Systeme)
In einem weiteren Schritt können KI-basierte Verfahren eingesetzt werden, um kontextbezogene Analysen und Vorhersagen zu ermöglichen.
Beispiele:

- NLP-basierte Auswertung von News, Behördenmeldungen oder Exportwarnungen.
- Kontextbasierte Risikobewertung von Transaktionen (Automatische, kontextbasierte Prüfung von Endverwendung, Empfängerprofil, Genehmigungspflicht)
- Prognosen auf Basis kombinierter Risikoindikatoren

Mehrwert:

- Ganzheitliche Risikobewertung
- Unterstützung bei komplexen Entscheidungsprozessen
- Aufbau lernender Systeme durch Feedback und kontinuierliche Verbesserung

Unabhängig vom eingesetzten Verfahren bleibt die Nachvollziehbarkeit der Entscheidungen ein zentraler Erfolgsfaktor. Insbesondere im regulatorischen Umfeld müssen Risikobewertungen jederzeit erklärbar und prüfbar sein. Daher empfiehlt es sich, komplexere Modelle stets auf nachvollziehbare Grundlagen zurückzuführen und mit dokumentierten Entscheidungslogiken zu kombinieren.

In der Praxis entsteht so ein iteratives System, in dem regelbasierte, statistische und KI-gestützte Verfahren ineinandergreifen und sich gegenseitig ergänzen. Unternehmen können dabei je nach Reifegrad und Zielsetzung unterschiedliche Einstiegspunkte wählen und ihr Monitoring schrittweise weiterentwickeln.

7.7 Schnittstellen zum Internen Kontrollsystem (IKS)

Das Risiko-Monitoring muss eng mit dem bestehenden Internen Kontrollsystem (IKS) verbunden sein:

- Festlegung risikobehafteter Prozesse mit Kontrollverpflichtung
- Audit-Trail für alle Überwachungsmaßnahmen
- Anbindung an regelmäßige Kontrollberichte und Management Reviews
- Verknüpfung mit ICS- oder Compliance-Management-Systemen (CMS, z. B. nach ISO 37301)

7.8 Best Practices aus der Praxis

Ein wirkungsvolles Risiko-Monitoring entfaltet seine Stärke insbesondere dann, wenn es durch konkrete Anwendungsfälle unterlegt wird. Die folgenden Beispiele zeigen, wie Unternehmen mithilfe von Kennzahlen, technischen Monitoring-Mechanismen und organisatorischen Reaktionsketten Risiken frühzeitig identifizieren und wirksam steuern können. Sie verdeutlichen, wie KPI-basierte Frühwarnsysteme im Zusammenspiel mit Exportkontrolle, Zoll, IT und den operativen Einheiten funktionieren.

Best Practice 1: Frühwarnung durch KPI-Anomalie in der Ausfuhrabwicklung

Ausgangssituation: Ein internationaler Pharmakonzern überwacht standortbezogen die Fehlerquote bei Ausfuhranmeldungen über ein zentrales Risiko-Dashboard. Die KPI gehört zu den wichtigsten Frühindikatoren, um operative Schwächen, Datenqualitätsprobleme oder Systemfehler schnell sichtbar zu machen.

Erste Auffälligkeit: Im Monatsverlauf fällt auf, dass ein osteuropäischer Standort plötzlich eine Fehlerquote von über 2,5 % aufweist – zuvor lag dieser Wert dauerhaft unter 1 %. Das Monitoring-System markiert die Abweichung automatisch als „kritisch“ und löst eine interne Eskalation aus.

Analyse der Ursache: Eine detaillierte Untersuchung – einschließlich Rückgabecodes in ATLAS, GTS-Validierungsprotokollen und Stichprobenprüfungen – ergibt:

- Ein kürzlich eingespieltes Software-Update hat die Codierung des Ursprungslandes verändert.

- Die neuen Codes entsprachen nicht mehr den Vorgaben für elektronische Zollanmeldungen.
- Folge war eine erhöhte Zahl fehlerhafter Anmeldungen gemäß Art. 15 UZK.

Risikobewertung

Ohne Gegenmaßnahmen hätte die Entwicklung zu:
- vertieften Prüfungen durch die Zollbehörde,
- Verzögerungen bei der Ausfuhrabwicklung
- und möglichen Befragungen zum internen Kontrollsystem (IKS) führen können.

Ergriffene Maßnahmen:
- Sofortige Rückmeldung an IT und Standortleitung durch das KPI-System
- Rollback des Software-Updates
- Temporäre Einführung einer manuellen Plausibilitätskontrolle
- Einmalige Prozessschulung zu Ursprungscodierungen
- Aufnahme des Sachverhalts in das interne Risikoregister zur Nachverfolgung

Ergebnis: Die Fehlerquote normalisierte sich innerhalb weniger Tage. Das Beispiel zeigte dem Unternehmen, wie wirkungsvoll Schwellenwerte, Trendanalysen und automatisierte Eskalationen in einem KPI-Monitoring sein können.

Kernaussage: Bereichsübergreifende Transparenz in Kombination mit KPI-basierter Früherkennung verhindert, dass Fehler unerkannt bleiben oder zu regulatorischen Risiken eskalieren.

Best Practice 2: Automatisiertes Screening von Dual-Use-Gütern mittels KI-gestützter Klassifikationsprüfung

Abschlusshinweis: ML und Automatisierung sollten konsequent als evolutionäre Erweiterung bestehender Systeme dargestellt werden – nicht als disruptiven Neuanfang. Für Organisationen, die die regelbasierte Vorarbeit leisten, rentiert sich ein KI-Klassifikationsmodul über die Zeit – sowohl fachlich als auch wirtschaftlich.

Ausgangssituation: Ein Technologieunternehmen mit umfangreichem Dual-Use-Portfolio steht vor der Herausforderung, zahlreiche Produkte regelmäßig nach den Anhängen der EU-Dual-Use-Verordnung zu klassifizieren. Die manuelle Prüfung führte zu langen Durchlaufzeiten und hoher Fehleranfälligkeit.

Das Unternehmen implementierte ein KI-Modul, das:
- technische Beschreibungen analysiert,
- Parameter wie Leistungsdaten, Materialien und Funktionen interpretiert,
- diese automatisch mit relevanten Dual-Use-Positionen abgleicht
- und eine Risikoindikation ausgibt (z. B. „Hinweis auf 3A001-Parameter“).

Erst wenn das System einen Treffer meldet, erfolgt eine Fachprüfung durch Exportkontrollbeauftragte.

Die dargestellte Lösung baut dabei auf bereits etablierten Daten- und Prozessstrukturen auf. KI-gestützte Klassifikationsansätze sind in der Praxis selten ein Ausgangspunkt, sondern vielmehr eine Erweiterung bestehender, regelbasierter und datengetriebener Systeme. Unternehmen profitieren insbesondere dann, wenn sie zunächst eine stabile Datenbasis, klare Entscheidungslogiken und belastbare KPI-Strukturen schaffen und darauf aufbauend schrittweise automatisierte und lernende Verfahren integrieren.

Nach sechs Monaten zeigt das Monitoring:
- Rückgang manueller Eskalationen um 60 %,
- Verkürzung der durchschnittlichen Erstklassifikationszeit,
- höherer Transparenzgrad gegenüber internen Audits und Behörden.

Die KPIs für Klassifikationsqualität, Genehmigungsquote und Screening-Effizienz verbesserten sich deutlich.

Prozessablauf nach Implementierung:
- Automatischer Import aller relevanten Produktdaten.
- KI-Analyse anhand der technischen Spezifikationen.
- Systemseitige Vorwarnung bei potenzieller Dual-Use-Relevanz.
- Fachliche Entscheidung, Dokumentation im ICP.
- KPI-Monitoring zu Screening-Treffern, Klassifikationsdauer und Eskalationen.

Leitprinzip im operativen Einsatz:
- System = Vorfilter und Unterstützung
- Mensch = finale Entscheidung
- Dokumentation = vollständig und nachvollziehbar
- Prozess = kontinuierlicher Lern- und Verbesserungszyklus

Ziel ist nicht die automatisierte Klassifikation im Sinne einer Black-Box-Entscheidung, sondern die gezielte Unterstützung von Fachentscheidungen durch strukturierte Voranalysen und priorisierte Hinweise. Durch die Rückkopplung der fachlichen Entscheidungen in das System entsteht ein kontinuierlicher Lernprozess, der die Qualität der Voranalysen über die Zeit weiter verbessert.

Regulatorischer Zusammenhang:

Die Lösung unterstützt die Pflichten aus der EU-Dual-Use-VO (u. a. Art. 4, 5, 12, 13, 26), insbesondere im Hinblick auf das in Art. 21 angesprochene Interne Compliance-Programm.

Ergebnis: Die KI-gestützte Vorprüfung steigerte die Effizienz der Exportkontrolle deutlich. Insbesondere die Dokumentation der Systementscheidungen erwies sich als Vorteil bei Behördenprüfungen.

Kernaussage: Automatisierte Screening-Mechanismen ersetzen kein ICP, erhöhen jedoch die Geschwindigkeit, Transparenz und Zuverlässigkeit des Prüfprozesses.

Ein modernes Risiko-Monitoring-System entfaltet seinen vollen Nutzen erst, wenn technische Lösungen, klare KPIs und organisatorische Entscheidungswege zusammenwirken. Die genannten Beispiele zeigen, dass:

- KPI-Anomalien frühzeitig auf operative oder systemische Schwachstellen hinweisen,
- Automatisierung und KI wertvolle Beiträge zur Risikosteuerung leisten,
- und kontinuierliches Monitoring eine wesentliche Säule eines wirksamen ICP ist.

Risiko-Monitoring ist daher nicht nur ein technischer Baustein, sondern ein integraler Bestandteil von Compliance-Führung, Steuerung und Auditfähigkeit in der Zoll- und Exportkontrolle.

Literatur

COSO (2017) Enterprise Risk Management – Integrating with Strategy and Performance. Committee of Sponsoring Organizations of the Treadway Commission.

Few S (2013) Information Dashboard Design. Displaying Data for At-a-Glance Monitoring. 2. Aufl., Analytics Press, Burlingame. ISBN 978-1-938-37700-6.

Wheelan C (2013) Naked Statistics: Stripping the Dread from the Data. W. W. Norton & Company, New York | London. ISBN 978-0-393-34777-7.

Rashedi J (2022) Das datengetriebene Unternehmen: Erfolgreiche Implementierung einer data-driven Organization. Springer Fachmedien, Wiesbaden. ISBN 978-3-65836-423-6.

Iansiti M, Lakhani KR (2020) Competing in the Age of AI: Strategy and Leadership When Algorithms and Networks Run the World. Harvard Business Review Press, Boston. ISBN 978-1-63369-762-1

Rechtliche Anforderungen für das KPI-Fundament

8

Dieses Kapitel ordnet die wichtigsten Rechtsquellen ein, die ein KPI-System im Zoll- und Exportkontrollumfeld fachlich tragen. Es zeigt, welche Anforderungen sich aus Zollrecht, Außenwirtschaftsrecht, Dual-Use-Regelungen und ICP-Leitlinien für Dokumentation, Datenqualität, Prüfungen und Kontrollen ergeben. Die rechtlichen Vorgaben werden dabei als Grundlage für messbare Steuerungs- und Nachweispunkte verstanden. Das Kapitel macht so sichtbar, warum Kennzahlen nicht nur betriebswirtschaftliche Instrumente, sondern auch Bausteine auditfester Compliance sind.

8.1 Bedeutung eines rechtlich verankerten Kennzahlensystems

Ein leistungsfähiges Kennzahlensystem im Bereich Zoll- und Exportkontrolle sollte auf klaren rechtlichen Grundlagen aufbauen. Unternehmen müssen gesetzliche Anforderungen einhalten; Kennzahlen können dabei Hinweise auf Prozessqualität, Kontrollwirksamkeit und Nachweisfähigkeit liefern. Dies gilt insbesondere vor dem Hintergrund regelmäßiger Außenprüfungen, AEO-Rezertifizierungen und behördlicher Erwartungen an nachvollziehbare interne Kontroll- und Compliance-Prozesse.

Kennzahlen (KPIs) übernehmen dabei eine doppelte Rolle:

1. Steuerungsinstrument für operative Abläufe und Risikomanagement.
2. Nachweisbaustein gegenüber Behörden, dass Prozesse kontrolliert, dokumentiert und überwacht werden.

Dieses Kapitel ordnet die wichtigsten Rechtsquellen ein und zeigt, welche Pflichten daraus entstehen und welche KPIs sich zur Überwachung dieser Pflichten eignen. Der Weg

L. S. Gempp, M. Lisica, *Zoll- und Exportkontrolle wirksam steuern*, https://doi.org/10.1007/978-3-658-52567-5_8

von regulatorischen Anforderungen über Kontrollpflichten hin zu messbaren Steuerungsgrößen ist in Abb. 8.1 dargestellt.

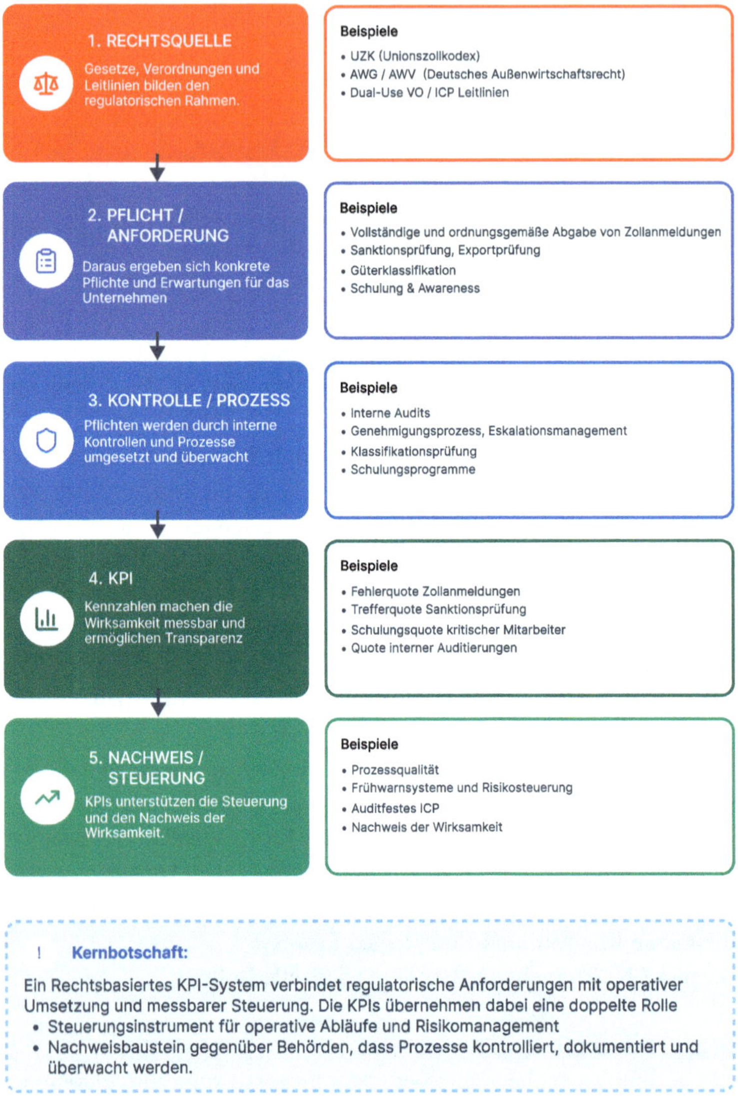

Abb. 8.1 Vom Rechtstext zur Steuerung. (Quelle: Eigene Darstellung)

8.2 Europäisches Zollrecht (UZK) – Anforderungen an Richtigkeit, Dokumentation und Automatisierung

Das europäische Zollrecht bildet den zentralen regulatorischen Rahmen für jede Form internationaler Warenbewegungen innerhalb der Europäischen Union. Im Mittelpunkt steht der Unionszollkodex (UZK), der als modernes, digital ausgerichtetes Rechtswerk die Anforderungen an Unternehmen klar definiert und ihnen zugleich umfangreiche Pflichten auferlegt. Für die Gestaltung eines KPI-Systems im Bereich Zollabwicklung und Exportkontrolle ist der UZK von besonderer Relevanz, da er nicht nur beschreibt, was einzuhalten ist, sondern auch, wie die Einhaltung nachweisbar sein muss.

Der UZK basiert auf dem Grundprinzip, dass Unternehmen jederzeit sicherstellen müssen, dass ihre Zollanmeldungen vollständig, richtig und fristgerecht eingereicht werden. Diese Verpflichtung ergibt sich insbesondere aus Artikel 15 UZK, der dem Anmelder die volle Verantwortung für die Qualität der übermittelten Daten auferlegt. Damit wird unmittelbar eine Anforderung an die interne Organisation gestellt, denn sowohl fehlerhafte Stammdaten als auch manuelle Fehlbedienungen können zu unrichtigen Anmeldungen und daraus resultierenden Verzögerungen, finanziellen Risiken oder sogar Bußgeldern führen. Ein modernes KPI-System schafft hier Transparenz, indem es beispielsweise die Fehlerquote von Anmeldungen überwacht, Rückgaben durch ATLAS auswertet oder die Anzahl notwendiger Korrekturanmeldungen erfasst. Dadurch entsteht ein regelrechter „Frühwarnindikator", der Unternehmen hilft, Prozessschwächen oder Wissenslücken rechtzeitig zu erkennen.

Für die Nachweisführung sind die Verantwortlichkeit für Angaben und Unterlagen nach Art. 15 UZK, die Aufbewahrung von Unterlagen und Informationen nach Art. 51 UZK sowie die Vorlage unterstützender Unterlagen nach Art. 163 UZK zu unterscheiden. Art. 51 UZK verlangt für Zwecke zollamtlicher Kontrollen eine Aufbewahrung für mindestens drei Jahre; längere nationale Aufbewahrungsfristen, etwa nach Steuer- oder Handelsrecht, können unberührt bleiben. Ein KPI wie die Dokumentationsvollständigkeit ermöglicht es, die Qualität der archivierten Unterlagen messbar zu machen. Werden regelmäßig Stichproben durchgeführt und systematisch ausgewertet, lassen sich strukturelle Defizite frühzeitig erkennen. Auch der Automatisierungsgrad der Archivierung kann über geeignete Kennzahlen gemessen werden, um Medienbrüche und manuelle Fehler langfristig zu reduzieren.

Darüber hinaus ist der UZK durch eine konsequente Förderung elektronischer Verfahren geprägt. Art. 6 UZK sieht vor, dass der Informationsaustausch zwischen Zollbehörden und Wirtschaftsbeteiligten grundsätzlich mit Mitteln der elektronischen Datenverarbeitung erfolgt, soweit die jeweiligen Verfahren dies vorsehen. Für Unternehmen ist dies nicht nur eine technische, sondern auch eine organisatorische Herausforderung. Ein KPI-System übernimmt hierbei eine zentrale Rolle: Kennzahlen zum Automatisierungsgrad, zur Durchlaufzeit elektronischer Zollanmeldungen oder zur Quote manueller Eingriffe zeigen auf, wo digitale Prozesse stabil laufen und wo Medienbrüche oder Fehlerquellen bestehen.

Eine herausgehobene Stellung nimmt zudem der AEO-Status (Authorised Economic Operator) ein. Unternehmen mit AEO-Zertifizierung müssen nachweisen, dass sie über zuverlässige Prozesse, robuste interne Kontrollmechanismen, ausreichende Qualifikationen des Personals sowie hohe Datenqualitätsstandards verfügen. Der UZK verknüpft diese Anforderungen in Artikel 39 UZK mit klar definierten Kriterien, die regelmäßig überprüft werden. Ein umfassendes KPI-System ist hier ein entscheidender Nachweis für die Reife und die Stabilität der organisationseigenen Zollprozesse. Kennzahlen wie interne Auditquoten, die Mängelrate von Prüfungen oder die Anzahl behördlicher Beanstandungen dienen dazu, die Einhaltung der AEO-Anforderungen messbar und nachvollziehbar zu dokumentieren. Für Re-Akkreditierungen oder Zwischenprüfungen durch die Zollbehörden erleichtert ein gut gepflegtes KPI-System die Nachweisführung erheblich und stärkt das Vertrauen der Behörden in die Organisation.

Insgesamt lässt sich festhalten, dass der UZK – sowohl in seinen materiellen Anforderungen als auch in seiner digitalen Ausrichtung – ein Fundament bildet, auf dem ein modernes KPI-System aufbauen muss. Die Einhaltung zollrechtlicher Pflichten wird durch die regelmäßige Beobachtung relevanter Kennzahlen nicht nur transparenter und effizienter, sondern auch deutlich belastbarer im Hinblick auf Außenprüfungen oder AEO-Verfahren. Ein Unternehmen, das seine Prozesse entlang des UZK überwacht, verbessert nicht nur seine Compliance, sondern erhöht zugleich die Prozesssicherheit, minimiert Fehlerkosten und stärkt seine behördliche Vertrauenswürdigkeit.

8.3 Deutsches Außenwirtschaftsrecht (AWG/AWV)

Das deutsche Außenwirtschaftsrecht, bestehend aus dem Außenwirtschaftsgesetz (vgl. AWG 2013) und der Außenwirtschaftsverordnung (vgl. AWV 2013), bildet den zentralen Rechtsrahmen für alle Ausfuhren aus Deutschland. Es dient dem Schutz sicherheitspolitischer, außen- und menschenrechtlicher Interessen und verpflichtet Unternehmen zu einer systematischen Prüfung aller Exporte. Für den Aufbau eines KPI-Systems ist das AWG/AWV deshalb besonders relevant, weil alle operativen Prozesse – von der Klassifikation über das Screening bis hin zu Endverbleibsnachweisen und Genehmigungen – nur dann rechtssicher funktionieren können, wenn ihre Wirksamkeit kontinuierlich überwacht wird.

Im Gegensatz zum UZK, der vorrangig auf den Warenverkehr und die Zollabwicklung ausgerichtet ist, konzentriert sich die Exportkontrolle stärker auf den Verwendungszweck und die möglichen Risiken eines Exportgeschäfts. Unternehmen müssen vor jeder Lieferung prüfen, was geliefert wird, wer beliefert wird und wofür die Güter verwendet werden sollen. Damit entsteht eine komplexe Matrix von Prüfanforderungen, die sich nur durch strukturierte Prozesse, klare Rollen und geeignete KPIs beherrschen lässt.

Eine der wichtigsten Anforderungen ergibt sich aus den Genehmigungspflichten für Rüstungsgüter, Dual-Use-Güter und bestimmte zivile Güter. Sowohl das AWG als auch die AWV verpflichten Unternehmen dazu, anhand technischer Merkmale und Verwendungszwecke zu bewerten, ob eine Ausfuhr genehmigungspflichtig ist. Diese Prüfpflichten greifen auch dann, wenn ein Gut nicht ausdrücklich gelistet ist, aber im Einzelfall für eine kritische Nutzung bestimmt sein könnte (sogenannte Catch-all-Prüfung). Aus Sicht eines KPI-Systems sind hier insbesondere Kennzahlen wie die Quote genehmigungspflichtiger Ausfuhren, die Bearbeitungsdauer von Ausfuhranträgen oder die Rückfragenquote des BAFA von Bedeutung. Sie zeigen auf, wie effizient und rechtssicher der Genehmigungsprozess organisiert ist und ob strukturelle Verbesserungspotenziale existieren. Längere Bearbeitungszeiten, häufige Rückfragen oder eine hohe Quote rückwirkend erkannter Genehmigungspflichten weisen nicht selten auf unvollständige technische Beschreibungen oder unklare Entscheidungsprozesse hin.

Einen weiteren elementaren Prüfbereich stellt die Embargo- und Sanktionslistenprüfung dar. Die konkreten Verbote und Beschränkungen ergeben sich aus den jeweils einschlägigen EU-Sanktionsverordnungen, aus nationalen Ausführungsregelungen sowie, bei Verstößen, aus den Straf- und Bußgeldtatbeständen des AWG, insbesondere §§ 17–19 AWG. Fehler in diesem Bereich gehören zu den schwerwiegendsten Verstößen, die ein Unternehmen begehen kann. Entsprechend hoch ist die Erwartung, dass Unternehmen Personen-, Organisations-, Länder-, sektorale und güterbezogene Beschränkungen systematisch und nachweisbar prüfen. KPIs wie die Trefferqualität bei Sanktionslistenprüfungen, Eskalationsquote oder Bearbeitungszeit kritischer Treffer schaffen Transparenz und ermöglichen es, Risiken frühzeitig zu erkennen.

Neben den Listen- und Länderprüfungen spielt die Endverbleibskontrolle eine zentrale Rolle. Unternehmen müssen sicherstellen, dass der Endverwender das Gut zu dem angegebenen Zweck nutzt und dass es nicht an Dritte weitergegeben wird, die kritische oder verbotene Anwendungen verfolgen. Die Endverbleibserklärung (EUV) ist hierfür das wichtigste Dokument. Fehlt sie, ist sie unvollständig oder wird sie verspätet eingeholt, entstehen unmittelbare rechtliche Risiken. KPIs wie die Vollständigkeit der EUVs, die Rücklaufquote im ersten Durchlauf oder die Durchlaufzeit der Endverbleibsklärung dienen als elementare Kontrollgröße. Diese Kennzahlen zeigen, ob die Organisation in der Lage ist, Endverbleibsanforderungen konsequent und fristgerecht zu erfüllen, oder ob Prozessschwächen auftreten, die im Rahmen einer BAFA-Prüfung auffallen könnten.

Von besonderer Bedeutung ist außerdem die Möglichkeit einer sanktionsbefreienden Selbstanzeige nach § 22 Abs. 4 AWG für bestimmte fahrlässig begangene Ordnungswidrigkeiten, sofern die gesetzlichen Voraussetzungen erfüllt sind. Daraus folgt keine pauschale Selbstanzeigepflicht für jeden Exportkontrollverstoß, wohl aber die Notwendigkeit einer strukturierten internen Eskalations- und Dokumentationskette. Ein KPI-System unterstützt dabei: Kennzahlen zur Anzahl gemeldeter Compliance-Vorfälle, zurzeit bis zur Erstreaktion, zur Qualität der Vorfalldokumentation oder zur Abschlussquote von Maßnahmen helfen der Exportkontrollorganisation, Verstöße zu erkennen und nachweislich aufzuarbeiten.

Das Außenwirtschaftsrecht verlangt somit implizit ein strukturiertes, funktionsfähiges und dokumentiertes internes Kontrollsystem (ICP). Ein KPI-System ist der logische technische und organisatorische Baustein, der dieses Kontrollsystem messbar und auditierbar macht. Ohne geeignete Kennzahlen ist es kaum möglich, sowohl die Wirksamkeit der Exportkontrolle als auch die Einhaltung der gesetzlichen Anforderungen belastbar nachzuweisen. Unternehmen, die ihre Exportprozesse anhand von KPIs steuern, erhöhen nicht nur die Rechtssicherheit, sondern reduzieren ebenso das Risiko von Lieferverzögerungen, behördlichen Maßnahmen oder Reputationsschäden. Insbesondere in Branchen mit hohem

Dual-Use- oder Technologiebezug – wie Pharma, Medizintechnik oder Maschinenbau – ist der Aufbau eines solchen KPI-Fundaments ein wesentlicher Bestandteil moderner Compliance-Governance.

8.4 Dual-Use-Verordnung und ICP-Leitlinien

Die regulatorischen Anforderungen der EU-Dual-Use-Verordnung (VO (EU) 2021/821) und der europäischen sowie nationalen ICP-Leitlinien (EU-Empfehlung 2019/1318 und BAFA-Merkblatt Firmeninterne Exportkontrolle) bilden gemeinsam eine zentrale Grundlage für ein rechtskonformes und wirksames Exportkontrollsystem. Ein Internal Compliance Programme (ICP) ist nach Art. 2 Nr. 21 VO (EU) 2021/821 als fortlaufendes Bündel wirksamer, geeigneter und verhältnismäßiger interner Strategien und Verfahren zur Einhaltung exportkontrollrechtlicher Pflichten zu verstehen. In der Praxis bedeutet dies: Unternehmen benötigen ein internes System, das Risiken erkennt, Entscheidungen nachvollziehbar dokumentiert und die Wirksamkeit der Kontrollen überprüfbar macht.

Die Dual-Use-Verordnung verpflichtet Unternehmen dazu, jede Ausfuhr auf Technologiebasis, Leistungsparametern, Materialeigenschaften oder Softwaremerkmalen zu überprüfen. Sie fordert eine eindeutige Klassifikation der Güter, die durch die Anhänge der Verordnung und deren technischen Beschreibungen bestimmt wird. Besonders anspruchsvoll sind dabei Konstellationen, in denen ein Güterlisteneintrag nicht eindeutig ist oder mehrere Parameter miteinander korrespondieren müssen, um eine Genehmigungspflicht zu begründen. Das erfordert ein tiefes technisches Verständnis und gleichzeitig robuste organisatorische Abläufe, um Fehleinschätzungen oder Verzögerungen zu vermeiden. KPIs wie die Klassifikationsgenauigkeit, die Trefferquote im technischen Screening oder die Qualität der technischen Produktbeschreibungen helfen, die Komplexität dieser Prüfungen beherrschbar zu machen und sorgen für Transparenz in der Organisation.

Ein weiterer zentraler Bestandteil der Dual-Use-Regulierung ist die Prüfung der Endverwendung und des Endverwenders. Die Verordnung verlangt, dass Unternehmen potenzielle Missbrauchsrisiken identifizieren und einschätzen, ob ein Gut militärisch, kerntechnisch oder zur Entwicklung kritischer Technologien genutzt werden könnte. Diese Verpflichtung ist eng verbunden mit den Anforderungen der ICP-Leitlinien, die eine organisierte, dokumentierte und wirksame Endverbleibskontrolle erwarten. KPIs wie die Rücklaufquote von Endverbleibserklärungen, die Durchlaufzeit der Endverbleibsklärung oder die Eskalationsquote bei kritischen Endverwendungen zeigen auf, wie gut die Organisation in der Lage ist, diese anspruchsvollen Prüfpflichten zu erfüllen.

Die EU-ICP-Leitlinie beschreibt ein umfassendes internes Kontrollsystem, das Exportkontrollprozesse strukturiert abbildet. Dieses Kontrollsystem sollte organisatorische Verantwortlichkeiten definieren, eine klare Prozessstruktur vorgeben, Schulungen durchführen, Risiken bewerten und interne Überwachungsmaßnahmen festlegen. Die BAFA-ICP-Hinweise ergänzen dies durch behördliche Erwartungen für deutsche Unternehmen, insbesondere im Hinblick auf Dokumentation, technische Güterprüfungen, Eskalationsmechanismen und Nachweisführung. Leitlinien und Merkblätter sind von unmittelbar verbindlichen gesetzlichen Pflichten zu unterscheiden, bleiben aber wichtige Orientierungspunkte für die Prüfung der Angemessenheit eines ICP.

Die Wirksamkeit eines ICP lässt sich nicht allein aus der Existenz von Prozessbeschreibungen ableiten; sie wird erst durch kontinuierliches Monitoring und belastbare Daten nachgewiesen. KPIs, die die Schulungsquote kritischer Mitarbeiter, die Anzahl interner Auditfeststellungen, die Vollständigkeit der Dokumentation oder die Einhaltung von Prüffristen abbilden, fungieren deshalb als wesentliche Nachweise im Rahmen von Außenprüfungen oder BAFA-Anhörungen. Sie ermöglichen zudem ein risikoorientiertes Management des gesamten Exportkontrollprozesses, indem Anomalien frühzeitig erkannt und geeignete Maßnahmen eingeleitet werden.

Von großer praktischer Bedeutung ist die enge Verzahnung zwischen der Dual-Use-Regulierung und dem ICP-Ansatz. Beide Systeme verlangen eine hohe Qualität in den Stammdaten, die Nachvollziehbarkeit jeder Entscheidung, transparente Prüfpfade und eine klare Verantwortungszuordnung. KPIs helfen nicht nur, die behördlichen Anforderungen zu erfüllen, sondern fungieren als integraler Bestandteil einer modernen Compliance-Governance. Sie machen sichtbar, wo Prozessrisiken entstehen, wo organisatorische Engpässe liegen oder wo technische Defizite bestehen. Damit unterstützen sie nicht nur die Exportkontrollfunktion, sondern verbessern auch die Planbarkeit von Lieferterminen und die übergreifende Prozessstabilität.

Insgesamt lässt sich festhalten, dass die Anforderungen der Dual-Use-Verordnung und die ICP-Leitlinien ein gemeinsames Ziel verfolgen: ein wirksames, transparentes und belastbares Kontrollsystem. Ein KPI-System kann hierfür ein zentrales Element der Nachweisführung und Risikosteuerung sein. Unternehmen, die ihre Exportkontrolle entlang dieser regulatorischen Vorgaben messen, überwachen und kontinuierlich verbessern, stärken ihre rechtliche Position sowie die organisatorische Reife und Effizienz ihres Außenwirtschaftsprozesses.

8.5 Die juristische Matrix

Die Vielzahl an zoll- und außenwirtschaftsrechtlichen Vorgaben stellt Unternehmen vor die Herausforderung, regulatorische Anforderungen nicht nur organisatorisch abzubilden, sondern auch systematisch zu überwachen. Für ein wirksames KPI-gestütztes Compliance- und Steuerungssystem ist es daher notwendig, die rechtlichen Grundlagen klar in messbare Kontrollgrößen zu übersetzen. Dieses Kapitel stellt hierzu eine juristische Matrix bereit, welche die wichtigsten Rechtsquellen den jeweils relevanten Pflichten, geeigneten Kennzahlen, typischen Datenquellen sowie den damit verbundenen Risiken gegenüberstellt. Die Übersicht dient als praxisorientiertes Arbeitsinstrument und unterstützt Verantwortliche dabei, die gesetzlichen Anforderungen in strukturierte Monitoring-Prozesse zu überführen und die Wirksamkeit des internen Kontrollsystems nachvollziehbar zu dokumentieren (Tab. 8.1).

Tab. 8.1 Juristische Matrix zu Rechtsquellen, Pflichten, Kennzahlen, Datenquellen und Risiken

Rechtsquelle	Pflicht/Anforderung	Beispiel-KPI	Datenquelle	Zu überwachendes Risiko
UZK – Art. 6, 15	Vollständige und richtige Abgabe von Zollanmeldungen	Fehlerquote Zollanmeldungen	ATLAS-Logs, Zollsoftware, GTS, interne Prüfprotokolle	Falschanmeldungen, Nachforderungen, Bußgelder, Imageschäden
UZK – Art. 15	Plausibilität und Qualität der Anmeldedaten	ATLAS-Rückgabequote (Import/Export)	ATLAS-Rückgabecodes, Dienstleisterreports	Hohe technische/ inhaltliche Fehlerquote, Verzögerungen
UZK – Art. 163	Ordnungsgemäße Aufbewahrung zollrelevanter Unterlagen	Dokumentationsgenauigkeit	DMS/Archivsystem, Stichprobenprotokolle	Dokumentationsmängel, Beanstandungen in Betriebsprüfungen
UZK – Art. 6	Nutzung elektronischer Verfahren/Digitalisierung	Automatisierungsgrad Zollanmeldungen	ERP, GTS, ATLAS-Schnittstellenstatistik	Hoher manueller Aufwand, Fehleranfälligkeit, fehlende Prozessstabilität
AEO-Kriterien (Art. 38, 39 UZK)	Zuverlässigkeit, interne Kontrollen, Sicherheitsstandards	Quote interner Auditierungen	Auditplan, Auditberichte, Maßnahmenverfolgung	AEO-Statusgefährdung, negative Prüfergebnisse
AEO-Kriterien (Organisationsanforderungen)	Klare Prozesse, Verantwortlichkeiten, Risikoüberwachung	Anzahl AEO-relevanter Abweichungen pro Audit	Auditdokumentation, Abweichungsregister	Strukturelle Schwächen im Kontrollsystem
AWG/AWV – Embargo & Sanktionen	Prüfung von Ländern, Personen, Organisationen	Trefferquote Sanktionslistenprüfungen	Screening-Tool, ERP, CRM	Belieferung gelisteter Parteien, straf- und bußgeldbewehrte Verstöße
AWG/AWV – Embargo & Sanktionen	Ablehnung kritischer Geschäfte	Exportverweigerungsquote	Exportfreigabesystem, Entscheidungsprotokolle	Durchführung riskanter oder verbotener Exporte

(Fortsetzung)

Tab. 8.1 (Fortsetzung)

Rechtsquelle	Pflicht/Anforderung	Beispiel-KPI	Datenquelle	Zu überwachendes Risiko
AWG – Genehmigungspflichten	Prüfung und Beantragung erforderlicher Genehmigungen	Quote genehmigungspflichtiger Ausfuhren	BAFA-Antragslisten, Exportkontrollsystem	Nichtbeantragung notwendiger Genehmigungen
AWG/AWV – Genehmigungsverfahren	Qualität und Vollständigkeit der Anträge	Anzahl BAFA-Genehmigungsrückfragen	BAFA-Korrespondenz, Antragsakte	Verzögerte Genehmigungen, Rückfragen, Reputationsrisiken
AWG – § 22 (Selbstanzeige)	Meldung und Aufarbeitung von Verstößen	Anzahl Compliance-Vorfälle/Selbstanzeigen	Melderegister, Rechts-/Compliance-Abteilung	Nichtanzeige von Verstößen, verschärfte Sanktionen
AWG – § 22 (Selbstanzeige)	Schnelles Reagieren auf identifizierte Vorfälle	Reaktionszeit bei Compliance-Vorfällen	Incident-Tool, E-Mail-Protokolle, Sitzungsprotokolle	Verzögerte Incident-Bearbeitung, verschärfte Rechtsfolgen
EU-Dual-Use-VO	Identifikation genehmigungspflichtiger Dual-Use-Güter	Klassifikationsqualität/ Quote korrekt klassifizierter Güter	Produktstamm, Klassifikationsdatenbank, Prüfprotokolle	Falsche Einstufung (genehmigungspflichtig vs. nicht pflichtig)
EU-Dual-Use-VO (Anhänge)	Technische Güterprüfung anhand Listenpositionen	Dual-Use-Güter-Anteil	Klassifikationsdatenbank, ERP, Produktkatalog	Fehlende Transparenz über Risikoprodukte
EU-Dual-Use-VO – Genehmigungen	Durchführung und Nachweis von Endverbleibsprüfungen	Vollständigkeit der Endverbleibserklärungen (EUVs)	Genehmigungsakten, DMS, ERP-Anhangsfelder	Unzureichender Endverbleibsnachweis, Beanstandungen im Genehmigungsverfahren
EU-Dual-Use-VO – Risikomanagement	Implementierung eines internen Risikomanagements	Eskalationsquote Exportkontrollprüfungen	Screening-/Freigabesystem, Workflow-Tool	Unzureichende Behandlung von Grenzfällen, unklare Entscheidungen

(Fortsetzung)

Tab. 8.1 (Fortsetzung)

Rechtsquelle	Pflicht/Anforderung	Beispiel-KPI	Datenquelle	Zu überwachendes Risiko
EU-ICP-Leitlinie (EU-Empfehlung)	Schulung und Sensibilisierung kritischer Funktionen	Schulungsquote kritisches Personal	Learning Management System, HR-Daten, Teilnahme-Listen	Unzureichende Awareness, Fehlentscheidungen in operativen Bereichen
EU-ICP-Leitlinie/BAFA-ICP	Etablierung wirksamer Kontroll- und Überwachungsprozesse	Interne Auditquote in Zoll/Exportkontrolle	Auditplan, Checklisten, Nachverfolgung Maßnahmen	Ineffektives ICP, negative Behördenbewertung
EU-ICP-Leitlinie/BAFA-ICP	Dokumentation von Prüfungen und Freigaben	Dokumentationsgenauigkeit (ICP-relevante Vorgänge)	DMS, Freigabe-Workflows, Prüfprotokolle	Lücken im Nachweis der ICP-Wirksamkeit
BAFA-ICP	Systematisches Monitoring und Reporting	Anzahl/Quote KPI-Reviews pro Jahr	KPI-Reporting, Governance-Board-Protokolle	KPI-System „auf dem Papier“, aber ohne tatsächliche Nutzung
WCO SAFE Framework	Etablierung eines Risikomanagementsystems in der Lieferkette	Automatisierungsgrad Exportfreigabe/Screening	ERP, Screening-System, Workflow-Logs	Manuelle, fehleranfällige Prüfprozesse, unerkannte Risiken
WCO SAFE Framework	Sicherstellung sicherer Lieferketten	Anzahl sicherheitsrelevanter Zwischenfälle	Sicherheitsmeldungen, Incident-Reports	Supply-Chain-Sicherheitsvorfälle, Verlust von Statusvorteilen
AWV – Unterlagenpflichten (§ 8 AWV)	Rechtzeitige Bereitstellung zoll- und außenwirtschaftsrelevanter Unterlagen	Unterlagen-Rückmeldequote	Dokumentenanforderungslisten, Workflow-/Ticket-System	Verzögerte Abfertigung, Nachfragen der Behörden, Bußgeldrisiko
AWG – § 17 (Embargoländer)	Kontrolle von Exporten in Embargoländer	Exportvolumen in Embargoländer	ERP-Auswertungen nach Zielland, Reporting-Tool	Überproportionale Geschäftsexponierung in Hochrisikoländern

Literatur

AWG (2013) Außenwirtschaftsgesetz vom 6. Juni 2013 (BGBl. I S 1482), zuletzt geändert durch Art. 1 G v. 3. Februar 2026 (BGBl. 2026 I Nr. 27). https://www.gesetze-im-internet.de/awg_2013/BJNR148210013.html

AWV (2013) Außenwirtschaftsverordnung vom 2. August 2013 (BGBl. I S. 2865), zuletzt geändert durch Art. 5 G v. 11. März 2026 (BGBl. 2026 I Nr. 66). https://www.gesetze-im-internet.de/awv_2013/BJNR286500013.html

BAFA (2022) Merkblatt Firmeninterne Exportkontrolle (ICP (Internal Compliance Programmes)), 3. Aufl., April 2022. Bundesamt für Wirtschaft und Ausfuhrkontrolle, Eschborn. https://www.bafa.de/SharedDocs/Downloads/DE/Aussenwirtschaft/afk_merkblatt_icp.html

Verordnung (EU) 2021/821 des Europäischen Parlaments und des Rates vom 20. Mai 2021 über eine Unionsregelung für die Kontrolle der Ausfuhr, der Vermittlung, der technischen Unterstützung, der Durchfuhr und der Verbringung betreffend Güter mit doppeltem Verwendungszweck (Neufassung), ABl. L 206 vom 11.6.2021, S. 1–461. https://eur-lex.europa.eu/eli/reg/2021/821/oj/eng

Verordnung (EU) Nr. 952/2013 des Europäischen Parlaments und des Rates vom 9. Oktober 2013 zur Festlegung des Zollkodex der Union, ABl. L 269 vom 10.10.2013, S. 1–101. Konsolidierte Fassung. https://eur-lex.europa.eu/eli/reg/2013/952/2022-12-12/eng

9 Projektplanung und Stakeholder-Einbindung

Dieses Kapitel betrachtet die Einführung eines KPI-Systems als Veränderungs- und Umsetzungsprojekt. Es beschreibt, wie strategische Zielsetzung, Stakeholder-Einbindung, Datenverantwortung, MVP-Logik und Review-Zyklen miteinander verbunden werden. Im Vordergrund steht die Frage, wie ein Kennzahlensystem organisatorisch akzeptiert, fachlich belastbar und technisch realisierbar aufgebaut wird. Das Kapitel zeigt damit die Brücke zwischen Konzept, Projektsteuerung und dauerhaftem Betrieb.

Die Einführung eines Kennzahlensystems für Zoll- und Exportkontrolle ist weit mehr als ein technisches Reporting-Projekt. Es handelt sich um ein strategisches Veränderungsvorhaben, das bestehende Prozesse, Rollenbilder, IT-Strukturen und Management-Erwartungen beeinflusst. Ziel ist es, nicht nur Transparenz zu schaffen, sondern konkrete Steuerungsimpulse zu setzen – in einem Bereich, der in vielen Unternehmen bislang als reaktiver Dienstleister, nicht als aktiver Risikopartner wahrgenommen wird.

> ► Kernthese: Ein KPI-System beginnt als Reporting-Initiative. Seinen vollen Wert entfaltet es erst, wenn es sich zum kontinuierlichen Steuerungskreislauf entwickelt – von der Datenerhebung über die Interpretation bis zur Maßnahme und ihrer Rückkopplung.

9.1 Strategische Verankerung

Bereits in der Planungsphase muss geklärt werden, welche strategischen Ziele das KPI-System verfolgen soll. Die Ausrichtung beeinflusst, welche Kennzahlen ausgewählt, wie tief sie erhoben und wie sie visualisiert werden. Typische Zielsetzungen sind die Verbesserung der internen Steuerung und Ressourcenauslastung, das Compliance-Monitoring zur Einhaltung regulatorischer Vorgaben (z. B. BAFA, UZK, AEO), die Effizienzsteigerung

L. S. Gempp, M. Lisica, *Zoll- und Exportkontrolle wirksam steuern*,
https://doi.org/10.1007/978-3-658-52567-5_9

durch Automatisierung zollrelevanter Prozesse sowie die Integration in bestehende ICP-, ESG- oder Risk-Governance-Strukturen.

Diese Zieldefinition ist kein formaler Akt, sondern eine echte Weichenstellung: Wer ein KPI-System primär für Behörden-Audits baut, wählt andere Kennzahlen und ein anderes Reporting-Format als jemand, der die eigene operative Effizienz steuern will. Beides ist legitim – aber beides gleichzeitig zu verfolgen, ohne klare Priorisierung, ist einer der häufigsten Gründe für überfrachtete, letztlich ungenutzte Systeme.

9.2 Stolperfallen und Erfolgsfaktoren

Typische Fehler in der Praxis

In vielen Unternehmen scheitert die Einführung nicht an fehlenden Daten oder falschen Tools, sondern an handwerklichen Grundfehlern in der Projektführung. Die häufigsten davon sind: Kennzahlen werden rein datengetrieben ausgewählt, nicht aus einer konkreten Steuerungsfrage heraus. IT, Legal, Einkauf und Management werden zu spät eingebunden, sodass das fertige System auf Widerstand trifft. Niemand ist klar für die Qualität einzelner Datenquellen verantwortlich. Die Anfangskomplexität ist zu hoch – KPIs, die manuell erfasst oder kaum nachvollziehbar sind, werden schnell verworfen. Und der gravierendste Fehler: Das System wird als Projekt gedacht, das endet – statt als Steuerungskreislauf, der beginnt.

Strukturierte Vorgehensweise

Ein gelungenes Einführungsprojekt durchläuft vier Phasen, wobei der Übergang von der dritten zur vierten der entscheidende und am häufigsten vernachlässigte Schritt ist.

In der Vorbereitungs- und Zielklärungsphase wird ein interdisziplinäres Kernteam aus Zoll, Legal, IT und Risk gebildet. Die rechtlichen Anforderungen werden abgestimmt, und das Steuerungsproblem wird in einem einzigen klaren Satz formuliert – bevor Daten oder Tools besprochen werden.

Die konzeptionelle Phase umfasst die KPI-Auswahl nach den in Kap. 4 beschriebenen BSC-Perspektiven, die Klärung von Datenquellen, die Festlegung von Benchmarks und Zielwerten sowie eine ehrliche Bewertung der Datenreife je geplanter Kennzahl. Nur KPIs, für die verlässliche Datenquellen verfügbar oder realistisch erschließbar sind, werden in den MVP aufgenommen.

Die Implementierungsphase beginnt bewusst klein: ein Pilotbereich, ein schlankes Dashboard, ein klar begrenzter Scope. Ein verlässliches, wöchentlich gepflegtes Excel-Reporting in Woche sechs schlägt ein perfektes BI-System in Monat neun – weil es Nutzer-Feedback generiert, das die nächste Ausbaustufe steuert.

Die Nutzungsphase ist keine abschließende Phase, sondern der Dauerbetrieb: regelmäßige KPI-Reviews, Anpassung an veränderte regulatorische Anforderungen, Nutzung für interne Auditierungen und Behördenkommunikation, iterative Weiterentwicklung des Systems.

9.3 Stakeholder einbinden

Die Einbindung relevanter Akteure ist kein Selbstzweck, sondern zentral für die Nachhaltigkeit des KPI-Systems. Je früher Stakeholder eingebunden werden, desto höher die Akzeptanz – und desto geringer der Widerstand beim Rollout.

Die IT-Abteilung ist Enabler, aber nicht inhaltlich verantwortlich – eine Verwechslung, die regelmäßig zu Problemen führt. Legal und Compliance müssen sicherstellen, dass KPIs rechtlich relevant sind und nicht als ungewollte Selbstbelastung wirken. Fachbereiche wie Einkauf oder Vertrieb tragen zur Datenqualität bei Lieferanten- und Kundenstammdaten bei; ihr Engagement gewinnt man am besten, indem man ihnen zeigt, welchen Nutzen das System für ihre eigenen Prozesse hat – etwa durch Reduktion von Zollverzögerungen. Das Management wird als Sponsor und Entscheidungsträger für Zielwerte benötigt: Wer den Zielwert mitgesetzt hat, fühlt sich für das Ergebnis mitverantwortlich. Externe Partner schließlich – Zolldienstleister, Schulungsanbieter – müssen mit klaren Schnittstellendefinitionen und abgestimmten Datenlieferformaten in das System integriert werden.

9.4 Data-Driven Projekte: Eigenständige Projektlogik

Data-Driven-Projekte folgen nicht vollständig der Logik klassischer IT-Implementierungen (vgl. Provost und Fawcett 2013; Rashedi 2022). Wer das ignoriert, baut gut dokumentierte Systeme, die niemand nutzt.

Der zentrale Unterschied liegt im Erfolgsbegriff: Ein klassisches Projekt gilt als erfolgreich, wenn das Deliverable geliefert wurde – das Dashboard ist online. Ein Data-Driven-Projekt gilt erst dann als erfolgreich, wenn die Kennzahlen aktiv genutzt werden und nachweisbar bessere Entscheidungen ermöglichen. Diese Verschiebung klingt subtil, hat aber weitreichende Konsequenzen für Scope, Priorisierung und Governance.

Ein weiterer wesentlicher Unterschied betrifft den Ausgangspunkt: Klassische Projekte starten mit einer Feature-Liste oder Systemspezifikation. Data-Driven Projekte müssen mit einem Problem-Statement beginnen (vgl. Rupp et al. 2021; Pohl 2025) – einer klaren Formulierung des Steuerungsproblems, bevor irgendeine Datenquelle oder ein Tool besprochen wird. Wer mit den verfügbaren Daten beginnt und daraus KPIs ableitet, erzeugt Kennzahlen, die gemessen werden können – aber nicht unbedingt das steuern, was wirklich relevant ist.

Schließlich sind Data-Driven-Projekte iterativ statt sequenziell: Anforderungen entwickeln sich durch Erkenntnisse im Prozess. Das erste Ergebnis ist ein MVP, kein Endprodukt. Feedback aus dem Betrieb steuert die nächste Ausbaustufe. Wer diesen Zyklus strukturiert und diszipliniert führt, baut über Zeit ein System auf, das mit der Organisation lernt.

Kommunikation ist das Betriebssystem: In Data-Driven-Projekten löst sie nicht nur Missverständnisse – sie schafft das Vertrauen in Daten, ohne das kein KPI-System nachhaltig funktioniert.

9.5 Der Data-Driven-Steuerungskreislauf

Das Data-Driven Operating Model (DDOM) beschreibt, wie ein KPI-System nicht nur eingeführt, sondern dauerhaft als Steuerungsorganismus betrieben wird. Der zugrunde liegende Ansatz verbindet Elemente des Requirements Engineering, datengetriebener Organisationsentwicklung und moderner Data-Governance-Konzepte (vgl. Rupp et al. 2021; Pohl 2025; Dehghani 2022; Rashedi 2022). Als Grundlage für den schrittweisen Aufbau eines Data-Driven Operating Models empfiehlt es sich, mit einem Data-Driven Steuerungskreislauf zu starten. Abb. 9.1 zeigt diesen Zusammenhang. Es besteht aus fünf aufeinander aufbauenden Ebenen, die zusammen einen sich selbstverstärkenden Kreislauf bilden.

Auf Ebene 1 steht das Problem. Nicht: Welche Daten haben wir? Sondern: Was wollen wir steuern, und warum kann das heute nicht gemessen werden? Dieser Ausgangspunkt klingt trivial, wird aber in der Praxis fast immer übersprungen. Die Folge sind KPI-Systeme, die technisch funktionieren, aber organisational wirkungslos bleiben.

Ebene 2 adressiert Daten und Qualität: Welche Quellen brauchen wir? Wer besitzt sie? Sind sie verlässlich genug für eine Steuerungsentscheidung? Hier wird die Datenreife je

Abb. 9.1 Data-Driven-Steuerungskreislauf. (Quelle: Eigene Darstellung in Anlehnung an Dehghani 2022, Rashedi 2022, Rupp et al. 2021 und Pohl 2025)

Datenkategorie bewertet – ehrlich und ohne Beschönigung. Das Ergebnis bestimmt, welche KPIs in den MVP kommen und welche in späteren Ausbaustufen erschlossen werden.

Ebene 3 ist die KPI-Konzeption: Ableitung der Kennzahlen aus dem Problem, Definition von Zielwerten, Schwellenwerten und Steuerungslogik. Das Ergebnis ist ein erster MVP mit 8 bis 12 Kernkennzahlen – nicht mehr.

Ebene 4 ist der Steuerungskreislauf: Ein KPI-Wert löst einen Steuerungsimpuls aus, eine Maßnahme wird eingeleitet, ihre Wirkung wird in der Folgeperiode gemessen. Erst dieser Schritt schließt den Kreislauf. Ein System, das nur bis Ebene 3 reicht, ist ein Reporting-Instrument. Ein System, das Ebene 4 konsequent lebt, ist ein Steuerungssystem.

Ebene 5 ist das Lernen: Erkenntnisse aus Ebene 4 fließen zurück. Die Problemstellung wird geschärft, Datenquellen werden verbessert, KPIs werden angepasst. Das System wird mit jeder Iteration präziser. Diese Rückkopplung ist kein optionaler Schritt – sie ist der Grund, warum das Modell ein Kreislauf ist und kein linearer Prozess.

Der MVP-Launch ist Ebene 3 – nicht das Ziel. Er ist der Startschuss für Ebene 4 und 5.

9.6 So bauen Sie es simpel auf: Fünf Schritte

Der Data-Driven Steuerungskreislauf lässt sich in fünf pragmatischen Schritten operationalisieren – auch ohne dedizierte Data-Science-Ressourcen:

1. **Problem-Statement formulieren, bevor Sie Daten anfassen:** Bringen Sie das Steuerungsproblem in einem einzigen Satz auf den Punkt. Beispiel: „ir wissen nicht, ob unsere Exportkontrollprüfungen vollständig und rechtzeitig durchgeführt werden – und können dies gegenüber dem BAFA nicht belegen." Dieser Satz ersetzt jede Anforderungsliste und verhindert Scope-Creep von Anfang an.
2. **Erfolgsbild definieren:** Was ist in 6 bis 12 Monaten anders, wenn das Problem gelöst ist? Beispiel: „Wir können dem BAFA auf Abruf drei Kennzahlen vorlegen: Screeningabdeckung 100%, keine offenen EVE-Rückstände, Schulungsdeckungsgrad kritischer Rollen über 95%." Dieses Bild steuert, was MVP ist und was Wünschbarkeit für spätere Iterationen.
3. **Datenreife ehrlich bewerten:** Für jede benötigte Datenkategorie eine Ampel setzen: Grün bedeutet, die Daten sind heute verlässlich und automatisiert verfügbar. Gelb bedeutet, die Daten sind vorhanden, aber manuell und unvollständig – sie kommen in Ausbaustufe 2. Rot bedeutet, die Daten fehlen noch – hier muss zuerst ein Erhebungsprozess aufgebaut werden, bevor der KPI sinnvoll gemessen werden kann. Beginnen Sie ausschließlich mit grünen Quellen.
4. **MVP bauen – klein starten, schnell liefern:** Starten Sie mit den grünen Datenquellen und maximal 12 Kennzahlen. Kein perfektes Dashboard auf Anhieb. Ein einfaches, wöchentlich gepflegtes Excel-Reporting produziert in wenigen Wochen das Nutzerfeedback, das die nächste Ausbaustufe präzise steuert.

Tab. 9.1 Illustratives MVP-Set für die Exportkontrolle, das mit diesem Ansatz sofort umsetzbar ist

KPI	Datenquelle	Erhebungsweg (MVP)	Ampel
Screeningabdeckung	SAP GTS/Screening-System	Automatisiert	🟢 Grün
Hit-Rate Screening	Screening-Log	Automatisiert	🟢 Grün
EVE-Rücklaufquote	DMS/Shared Drive	Manuell wöchentlich	🟡 Gelb
Schulungsdeckungsgrad	LMS/HR-System	Monatl. Export	🟡 Gelb
Offene Audit-Findings	Tracking-Liste	Manuell monatlich	🟡 Gelb
Genehmigungsbearbeitungszeit	Antragstracking	Manuell quartalsweise	🔴 Rot → Stufe 2

5. **Steuerungskreislauf im Kalender verankern – nicht im Prozesshandbuch:** Legen Sie jetzt fest, wer die KPIs wann mit wem reviewt, wer Data Owner für welche Kennzahl ist, und was bei einem roten KPI passiert – wer reagiert, in welcher Frist, mit welcher Standardmaßnahme. Ein KPI-System ohne definierten Reviewprozess ist kein Steuerungssystem. Es ist ein Reporting-Artefakt (Tab. 9.1).

9.7 Data Ownership und Datenkultur

Technologie löst keine Governance-Probleme. Das ist die schmerzhafteste Lektion, die datengetriebene Projekte regelmäßig erteilen. Ein KPI-System kann auf modernster BI-Plattform laufen – wenn niemand klar für die Qualität der Eingangsdaten verantwortlich ist, produziert es verlässlich falsche Ergebnisse. Und falsche KPIs sind gefährlicher als gar keine, weil sie Steuerungsentscheidungen auf Basis eines Fehlbildes der Realität auslösen.

Für jede Datenkategorie, die in das KPI-System einfließt, müssen zwei Rollen klar besetzt sein. Der Data Owner ist der fachliche Verantwortliche für die inhaltliche Korrektheit und Aktualität der Daten – nicht die IT, die lediglich Enabler ist. Der Data Steward ist die operative Person, die die Daten tatsächlich pflegt, prüft und im Fehlerfall eskaliert (vgl. Gronwald 2024; Rashedi 2022). In kleineren Organisationen können beide Rollen in einer Person liegen. Entscheidend ist, dass sie explizit benannt und bekannt sind.

Typische Risiken nach Datenkategorie: Zollanmeldedaten werden durch verzögerte Rückgabe-Erfassungen unvollständig. Screening-Logs werden durch nicht dokumentierte manuelle Overrides verfälscht. Schulungsdaten fehlen, weil externe Schulungen nicht systematisch erfasst werden. Endverbleibserklärungen sind dezentral abgelegt ohne Nachverfolgungssystem. Audit-Findings haben uneinheitliche Status-Bezeichnungen, die keine zuverlässige Auswertung erlauben.

Neben der Struktur entscheidet die Datenkultur über die langfristige Qualität des Systems (vgl. Rashedi 2022). Drei Maßnahmen wirken am stärksten: Datenqualität selbst messbar machen – denn was gemessen wird, wird gepflegt. Fehler ohne Konsequenz melden können – Organisationen mit Schuld- statt Lernkultur haben systematisch schlechtere Datenqualität. Und Erfolge aktiv kommunizieren: Wenn eine Maßnahme auf Basis eines KPI-Signals zu einer messbaren Verbesserung geführt hat, sollte das im Team, im Management-Report und im Jahresbericht der Funktion sichtbar gemacht werden. Das zeigt: Daten machen einen Unterschied.

9.8 Nachhaltigkeit: Das System am Leben halten

Ein KPI-System, das nach zwei Jahren noch exakt so aussieht wie am ersten Tag, hat aufgehört zu lernen. Nachhaltigkeit bedeutet: das System entwickelt sich mit der Organisation. Diese kontinuierliche Weiterentwicklung von Datenprodukten, Verantwortlichkeiten und Steuerungsmechanismen wird in modernen datengetriebenen Organisationen als wesentlicher Erfolgsfaktor betrachtet (vgl. Dehghani 2022; Rashedi 2022)

Dafür müssen einige Elemente fest verankert sein – im Kalender, nicht nur im Prozesshandbuch. Ein jährliches KPI-Review gleicht das System mit Geschäftsstrategie, regulatorischen Änderungen und dem ICP-Reifegradmodell ab und entscheidet formal über Beibehaltung, Anpassung oder Ablösung je Kennzahl. Das Kennzahlenhandbuch wird versioniert gepflegt; jede Änderung wird mit Begründung dokumentiert. KPI-Ownership steht in den Zielvereinbarungen der verantwortlichen Führungskräfte – alles andere ist freiwillig, und freiwillig ist fragil. Manuelle Datenpflege wird von Anfang an als Übergangslösung definiert, mit einem konkreten Automatisierungspfad je Kennzahl. Und externe Benchmarks werden einmal pro Jahr geprüft: Was heute ein guter Zielwert ist, kann in zwei Jahren ein Mindeststandard sein.

Fazit Ein strategisch verankertes, professionell eingeführtes KPI-System kann den Bereich Zoll- und Exportkontrolle von einem operativen Abwickler zu einem anerkannten Risikopartner im Unternehmen entwickeln. Voraussetzung ist ein methodisches Vorgehen, das nicht bei der Technik beginnt, sondern beim Problem – und das den Launch nicht als Projektende, sondern als Beginn des eigentlichen Steuerungsbetriebs versteht.

Der Data-Driven Steuerungskreislauf in einem Satz Problem benennen → Daten bewerten → KPIs ableiten → Maßnahmen steuern → aus Wirkungen lernen → von vorn.

Literatur

Dehghani Z (2022) Data Mesh: Delivering Data-Driven Value at Scale. O'Reilly Media, Sebastopol. ISBN 978-1-4920-9239-1.

Gronwald KD (2024) Data Management: Der Weg zum datengetriebenen Unternehmen. Springer, Berlin Heidelberg. ISBN 978-3-66268-667-6.

Pohl, K. (2025). Requirements Engineering: Fundamentals, Principles, and Techniques. 2. Aufl., Springer Berlin. ISBN 978-3-66269-204-2.
Provost F, Fawcett T (2013) Data Science and its Relationship to Big Data and Data-Driven Decision Making. Big Data 1(1):51-59.
Rashedi J (2022) Das datengetriebene Unternehmen: Erfolgreiche Implementierung einer data-driven Organization. Springer Fachmedien, Wiesbaden. ISBN 978-3-65836-423-6.
Rupp C, SOPHISTen (2021) Requirements-Engineering und -Management: Das Handbuch für Anforderungen in jeder Situation. 7. Aufl., Hanser, München. ISBN 978-3-446-45587-0.

10 Digitalisierung und Künstliche Intelligenz in Zoll- und Exportprozessen

Digitalisierung und Künstliche Intelligenz verändern die Zoll- und Exportkontrolle grundlegend. Dieses Kapitel ordnet die Entwicklung in vier Reifegradstufen – von der Digitalisierung als Fundament über Datentransparenz und erweiterte Analytik bis zur KI-gestützten Entscheidungsunterstützung (vgl. Iansiti und Lakhani 2020; Rashedi 2022). Es zeigt, warum Technologie erst dann tragfähig ist, wenn Prozesse, Daten, Governance und Verantwortlichkeiten zuvor geklärt wurden, und liefert konkrete Anwendungsfelder, Auswahlkriterien und ein Praxisbeispiel.

Das Kapitel beschreibt, wie ein modernes KPI-System in der Zoll- und Exportkontrolle durch Digitalisierung und KI gestärkt werden kann. Es differenziert vier Reifegradstufen, ordnet Anwendungsfelder von Tarifierung über Screening bis Predictive Compliance ein und benennt Chancen, Grenzen sowie Auswahlkriterien für Lösungen. Ein Praxisbeispiel aus der Medizintechnik veranschaulicht das Zusammenspiel von SAP GTS, ATLAS-Daten und KI-gestütztem Reporting. Ziel ist eine kohärente, auditfähige Anwendung von Technologie als Verstärker – nicht als Ersatz – fachlicher Verantwortung.

Die Digitalisierung und der Einsatz von Künstlicher Intelligenz (KI) verändern aktuell nahezu alle Bereiche unternehmerischen Handelns – von der Finanzberichterstattung über den Einkauf bis hin zur Produktion. Auch in der Zoll- und Exportkontrolle zeichnet sich ein tiefgreifender Wandel ab. Digitale Lösungen übernehmen zunehmend Aufgaben, die bislang manuell erledigt wurden: Sie automatisieren klassische Prozesse und ermöglichen das Auswerten großer Datenmengen aus internationalen Handelsprozessen.

Auf dieser Grundlage entwickeln sich moderne Steuerungsansätze schrittweise weiter: von der reinen Digitalisierung über datenbasierte KPI-Systeme bis hin zu analytischen Verfahren der Risikoerkennung und KI-gestützter Entscheidungsunterstützung in komplexen Sachverhalten.

L. S. Gempp, M. Lisica, *Zoll- und Exportkontrolle wirksam steuern*,
https://doi.org/10.1007/978-3-658-52567-5_10

Abb. 10.1 Vier Reifegradstufen digitaler KPI-Systeme in Zoll- und Exportkontrolle. (Quelle: Eigene Darstellung in Anlehnung an Rashedi 2022, Dehghani 2022, Iansiti und Lakhani 2020)

Künstliche Intelligenz ist dabei kein reines Technologieprojekt. Auch wenn sie häufig als solches verstanden wird, handelt es sich in Wirklichkeit um ein Organisationsprojekt mit iterativem Charakter (vgl. Iansiti und Lakhani 2020; Rashedi 2022). Erfolgreiche KI setzt funktionierende Prozesse, hochwertige Daten, klare Governance-Strukturen sowie ein entsprechendes Mindset in der Organisation voraus – begleitet durch Change Management und kontinuierliche Qualifizierung. Kurz gesagt: Künstliche Intelligenz entfaltet ihren Nutzen erst dort, wo bereits stabile Datenstrukturen, belastbare KPI-Systeme und klare Governance-Prozesse etabliert sind (vgl. Dehghani 2022; Rashedi 2022).

Vier Reifegradstufen für eine belastbare Anwendung von KI

1. Stufe 1 – Digitalisierung als Fundament moderner Zollorganisationen
2. Stufe 2 – Datentransparenz und KPI-System
3. Stufe 3 – Erweiterte Analytik (Statistik und Machine Learning)
4. Stufe 4 – KI-gestützte Entscheidungsunterstützung

Diese Reihenfolge gibt zugleich den Aufbau der folgenden Abschn. 10.1, 10.2, 10.3 und 10.4 vor. Sie beschreibt zugleich den typischen Entwicklungspfad moderner KPI-Systeme in Zoll- und Exportkontrolle (Abb. 10.1).

Dieses Kapitel zeigt, wie moderne Technologien das Kennzahlenmanagement in der Zoll- und Exportkontrolle unterstützen können – sowohl im operativen Tagesgeschäft als auch auf strategischer Ebene.

10.1 Stufe 1 – Digitalisierung als Fundament moderner Zollorganisationen

Die Digitalisierung zoll- und exportrelevanter Prozesse ist längst keine freiwillige Initiative mehr – sie ist Grundvoraussetzung für eine effiziente, transparente und prüfungssichere Organisation. Elektronische Zollsysteme wie ATLAS, Genehmigungsportale wie ELAN-K2 oder integrierte Exportmodule in ERP-Systemen (z. B. SAP GTS) sind heute Standard in vielen Unternehmen. Ihre konsequente Nutzung ermöglicht eine belastbare Datenbasis für KPIs und schafft die Grundlage für weiterführende Automatisierungs- und Analyseschritte.

Typische Anwendungsfelder digitaler Systeme

- ATLAS-Schnittstellen und Zollabwicklungstools (z. B. SAP GTS, MIC, AEB) automatisieren die Zollanmeldung, validieren Eingaben und liefern Rückgabecodes, die direkt zur KPI-Bildung (z. B. Rückgabequote) herangezogen werden können.
- Exportkontroll- und Screening-Systeme prüfen Geschäftspartner gegen Sanktionslisten, analysieren Endverwendungen und blockieren risikobehaftete Transaktionen automatisch, ohne manuellen Eingriff.
- Workflow- und Dokumentenmanagement-Lösungen ermöglichen nachvollziehbare Freigaben, digital dokumentierte Genehmigungsprozesse und die transparente Ablage für Betriebsprüfungen.
- Lernmanagementsysteme (LMS) sind entscheidend für die Nachverfolgung von Schulungen und ermöglichen die automatische Berechnung der Schulungsquote kritischer Rollen – eine zentrale KPI im internen Kontrollsystem (ICP).
- BI- und Dashboard-Tools wie Power BI, Tableau oder Qlik visualisieren KPIs für unterschiedliche Zielgruppen, ermöglichen Drill-Downs und fördern datenbasierte Steuerung.

> Digitalisierung schafft die Voraussetzungen für Transparenz, Geschwindigkeit und Revisionssicherheit – zentrale Anforderungen an jede moderne Zoll- und Exportstruktur.

10.2 Stufe 2 – Datentransparenz und KPI-System

Die zweite Stufe baut auf der digitalen Infrastruktur auf und nutzt die dort entstehenden Daten gezielt für die Steuerung. Erst wenn relevante Geschäftsvorfälle einheitlich erfasst, sauber kategorisiert und in einem konsolidierten Datenmodell verfügbar sind, lässt sich ein belastbares KPI-System betreiben. Ohne diese Stufe bleibt jede weitergehende Analytik (Stufe 3) und jede KI-Anwendung (Stufe 4) ein Aufbau auf instabilem Fundament.

Kernanforderungen auf dieser Stufe sind insbesondere

- Einheitliche Stammdaten und konsistente Schlüssel über ATLAS, ERP, GTS, Screening- und Genehmigungssysteme hinweg.
- Definierte Datenqualitätskontrollen mit messbaren Schwellenwerten – ergänzend zu den in Kapitel 5 und 6 entwickelten KPI-Definitionen.
- Klare Owner für jeden KPI sowie definierte Frequenzen, Schwellen und Eskalationspfade.
- Audit-feste Dokumentation der Berechnungslogik, Datenquellen und Veränderungen über die Zeit.

Die methodischen Grundlagen – KPI-Architektur, Designprozess, Schwellenwerte und Reporting-Logik – wurden in den Kapiteln 4 bis 7 ausführlich behandelt. Stufe 2 verknüpft diese Methodik mit den digitalen Systemen aus Stufe 1 und schafft so die strukturierte Datenbasis, die für jede Form von Analytik und KI zwingend erforderlich ist.

10.3 Stufe 3 – Erweiterte Analytik (Statistik und Machine Learning)

Die Digitalisierung erzeugt große Mengen strukturierter Daten – etwa aus Zollanmeldungen, Screening-Prozessen, Genehmigungssystemen oder internen KPI-Auswertungen. Auf dieser Grundlage können erweiterte analytische Verfahren eingesetzt werden, um Muster zu erkennen, Entwicklungen frühzeitig sichtbar zu machen und Entscheidungen datengestützt zu unterstützen (vgl. Provost und Fawcett 2013). In der Praxis kommen zunächst statistische Verfahren und Machine-Learning-Modelle zum Einsatz, die historische Daten analysieren, Zusammenhänge erkennen und Auffälligkeiten identifizieren.

▶ Auch bei automatisierten Analysen müssen Ergebnisse jederzeit nachvollziehbar bleiben. Die Modelle unterstützen die fachliche Bewertung, ersetzen sie aber nicht.

10.3.1 Anomalieerkennung in Prozessdaten

Machine-Learning-Modelle eignen sich besonders zur Identifikation ungewöhnlicher Entwicklungen in Prozessdaten. Typische Beispiele sind:

- Plötzlicher Anstieg bei ATLAS-Rückgaben.
- Ungewöhnliche Kombinationen aus Kunden, Ländern und Produkten in den Warenströmen.
- Starke Abweichungen gegenüber historischen Export- oder Warenstrommustern.

Solche Analysen unterstützen das Risiko-Monitoring, indem potenzielle Probleme frühzeitig sichtbar werden – noch bevor sie sich in einem Audit-Befund oder einer behördlichen Anfrage materialisieren.

10.3.2 Trend- und Musteranalyse im KPI-Monitoring

Ein Vorbote von Anomalien kann auch eine bestimmte Entwicklung historischer KPI-Daten sein. Typische Indikatoren:

- Steigende Fehlerquoten bei bestimmten Warengruppen oder ein Wechsel in ein Hochrisikoland.
- Zunehmende Eskalationen im Sanktionslisten-Screening.
- Veränderungen im Präferenznutzungsverhalten oder bei Bewilligungsabrufen.

Werden solche Trends statistisch sauber identifiziert, lässt sich die Steuerung von reaktiv auf proaktiv umstellen.

10.3.3 Cluster- und Risikomusteranalysen

Statistische Modelle können Transaktionen oder Geschäftspartner nach Risikomustern gruppieren. Beispiele:

- Welche Transaktionen, Kunden oder Lieferwege zeigen Muster, die mit Sanktionsrisiken korrelieren?
- Welche Lieferanten weisen wiederkehrende Dokumentationsprobleme auf?
- Welche Warengruppen häufen sich in Hochrisikoländern in einer Weise, die vom historischen Profil abweicht?

Solche Cluster sind die Vorstufe einer KI-gestützten Risikobewertung in Stufe 4.

10.4 Stufe 4 – KI-gestützte Entscheidungsunterstützung

Auf Basis der erweiterten Analytik können KI-gestützte Anwendungen entstehen oder integriert werden, die Fachbereiche bei komplexen Aufgabenstellungen unterstützen. Sie gehen einen Schritt weiter als klassische Automatisierung: Sie befähigen Systeme dazu, Muster in großen Datenmengen zu erkennen, Vorhersagen zu treffen und eigenständig Entscheidungsoptionen vorzuschlagen. Im regulatorischen Umfeld von Zoll und Exportkontrolle gilt jedoch konsequent: Systeme dürfen Entscheidungen unterstützen, ersetzen aber nicht die fachliche Bewertung durch verantwortliche Personen.

Rechtlich sind KI-Anwendungen anhand der Verordnung (EU) 2024/1689 einzuordnen. Maßgeblich sind insbesondere die Begriffsbestimmungen in Art. 3, die Hochrisiko-Systematik nach Art. 6 in Verbindung mit Anhang III sowie die gestuften Anwendungstermine nach Art. 113. Eine pauschale Einstufung aller Klassifizierungs-, Screening- oder Reporting-Tools als Hochrisiko-KI-System ist zu vermeiden; entscheidend sind Zweck, Einsatzkontext, Entscheidungswirkung und menschliche Aufsicht.

10.4.1 Intelligente Zolltarifierung

KI-gestützte Systeme können auf Basis historischer Tarifierungen, Produktbeschreibungen und technischer Unterlagen plausible Warennummern vorschlagen. Natural-Language-Processing-Modelle (NLP) analysieren – teilweise multimodal – die zugrunde liegenden Inhalte und überführen sie in mögliche HS-Codes inklusive Konfidenzwert. Die abschließende Tarifentscheidung verbleibt beim fachlich verantwortlichen Tarifeur.

10.4.2 Risikobasiertes Screening

Neben klassischen Listenabgleichen können KI-Modelle den Kontext einer Transaktion berücksichtigen – etwa Kundenstruktur, Lieferwege, historische Muster oder Endverwendungsindikatoren. Dadurch lassen sich Fehlalarme reduzieren und kritische Fälle gezielter identifizieren. Das Ziel ist eine höhere Trefferqualität bei gleichzeitig geringerer Belastung der Fachbereiche.

10.4.3 Predictive Compliance

Durch Kombination historischer KPI-Werte, Veränderungen im regulatorischen Umfeld und operativer Signale lassen sich potenzielle Regelverstöße frühzeitig identifizieren – etwa durch das Ansteigen einer Fehlerquote, ungewöhnliche Handelsmuster oder den Wechsel in ein Hochrisikoland. Predictive Compliance verschiebt den Fokus von der Aufarbeitung zur Prävention.

10.4.4 Automatisierte Dokumentenanalyse

OCR- und KI-Technologie erlauben es, Ursprungsnachweise, Endverbleibserklärungen oder Bescheide automatisch auf Vollständigkeit, Plausibilität und Widersprüche zu prüfen. Das entlastet Fachabteilungen, beschleunigt die Bearbeitung und erhöht die Datenqualität für KPIs – insbesondere dort, wo bislang manuell gesichtete Dokumente Engpässe waren.

10.4.5 KI-gestützte KPI-Steuerung und Frühwarnsysteme

KI kann Systemdaten kontinuierlich auslesen, KPIs automatisch berechnen und bei ungewöhnlichen Entwicklungen Warnsignale erzeugen. Damit kann das KPI-System zu einem intelligenten Assistenzsystem werden: Es unterstützt die Interpretation von Veränderungen im Kontext historischer Entwicklung und definierter Schwellenwerte, ersetzt aber keine fachliche Bewertung und keine dokumentierte Entscheidung durch verantwortliche Personen.

Hintergrund – Verarbeitungsmodi für KI-gestützte KPI-Auswertungen
- Event-basierte Analyse: Verarbeitung erfolgt bei einem definierten Auslöser (z. B. Eingang einer Ausfuhranmeldung mit Rückgabecode).
- Regelmäßige KPI-Aggregation: täglich, wöchentlich oder monatlich – passend zur Steuerungsfrequenz des Managements.
- Echtzeit-Verarbeitung: sinnvoll bei Fraud Detection oder High-Frequency-Prozessen – nicht als Standard für Compliance-Reporting.

10.5 Chancen und Grenzen

Künstliche Intelligenz bringt erhebliche Chancen mit sich, birgt zugleich Risiken, die vor jedem Roll-out bewertet werden müssen.

Vorteile
- Entlastung manueller Tätigkeiten und Reduktion menschlicher Fehlerquellen.
- Beschleunigung von Entscheidungsprozessen durch automatische Prüfungen.
- Transparenz und Vergleichbarkeit durch konsistente Datenstrukturen.
- Frühwarnung bei Risiken und Compliance-Verstößen.
- Auditfähigkeit durch standardisierte und nachvollziehbare Prozesse.

Grenzen und Herausforderungen
- KI-Systeme sind nur so gut wie ihre Trainingsdaten – schlechte Daten führen zu schlechten Ergebnissen („Garbage in, Garbage out“).

- Die Verantwortung bleibt beim Menschen – auch wenn die Entscheidung automatisiert vorbereitet wurde.
- Erklärbarkeit ist ein kritischer Faktor, insbesondere bei Black-Box-Modellen; Confidence-Scores, Audit-Logs und nachvollziehbare Freigabeentscheidungen sollten deshalb als Auswahl- und Dokumentationskriterien festgelegt werden.
- Datenschutz und Datensicherheit müssen streng beachtet werden, insbesondere bei der Analyse personenbezogener Daten (DSGVO, KI-Verordnung (VO (EU) 2024/1689)).
- Einführung, Anpassung und Akzeptanz im Unternehmen benötigen Ressourcen, Zeit und konsequentes Change Management.

10.6 Praxisbeispiel: KI-gestützte KPI-Steuerung in der Medizintechnik

Ein international tätiger Medizintechnikhersteller hat ein KI-gestütztes Reporting-System implementiert, das SAP GTS, ATLAS-Daten und Power BI kombiniert. Das System analysiert jede Ausfuhranmeldung auf Rückgabecodes und erkennt frühzeitig wiederkehrende Fehlertrends. Ein Analysemodell identifiziert wiederkehrende Muster, etwa bei Warengruppen mit häufigen Ursprungsfehlern.

Zusätzlich wird die Schulungsquote über ein LMS erfasst und automatisch mit Sollvorgaben abgeglichen. Reminder-Mails gehen direkt an betroffene Fachbereiche. Ein Frühwarnindikator meldet dem Compliance-Team Anomalien, etwa bei steigenden ATLAS-Rückgaben in Verbindung mit bestimmten Märkten.

Im Ergebnis ließ sich die Fehlerquote bei Ausfuhranmeldungen anhand der internen Auswertungen nachvollziehbar reduzieren; zugleich verbesserten sich Prozessstabilität, Nachvollziehbarkeit und die gezielte Ableitung von Präventionsmaßnahmen.

Beispiel Data Storytelling: Insight → Interpretation → Maßnahme → Wirkung
Die vier Schritte beschreiben, wie aus einem gemessenen KPI-Wert eine konkrete, nachvollziehbare Verbesserung entsteht. Sie sollten als Leitfaden für alle Dashboard- und Scorecard-Elemente dienen:

- Insight: Die automatisierte Auswertung der ATLAS-Rückgabecodes machte erstmals wiederkehrende Fehlerursachen systematisch sichtbar.
- Interpretation: Operative Schwachstellen – etwa in Stammdaten von Warengruppen mit häufigen Ursprungsfehlern – konnten gezielt identifiziert und priorisiert werden.
- Maßnahme: Auf dieser Grundlage wurden Prozessverbesserungen umgesetzt, wodurch die Fehlerquote bei Ausfuhranmeldungen deutlich reduziert wurde.
- Wirkung: Ursachen, Maßnahmen und Entwicklungen wurden systematisch dokumentiert. Damit verbesserte sich die Transparenz gegenüber Behörden und internen Prüfstellen.

10.7 Auswahlkriterien für digitale und KI-gestützte Lösungen

Bei der Auswahl geeigneter Tools zur KPI-Erhebung und Automatisierung sollten Unternehmen die folgenden Kriterien systematisch prüfen.

Fachliche und technische Kriterien

- Kompatibilität mit bestehenden Systemen (ERP, GTS, BI).
- Skalierbarkeit und Anpassungsfähigkeit an unternehmensspezifische Prozesse.
- Erklärbarkeit von KI-Entscheidungen (z. B. Audit-Logs, Confidence-Scores).
- Datensicherheit und Compliance-Konformität (DSGVO, KI-Verordnung (VO (EU) 2024/1689), branchenspezifische Anforderungen).
- Erfahrung des Anbieters im Bereich Zoll und Exportkontrolle.
- Support und kontinuierliche Weiterentwicklung des Produkts.

Strategische und architektonische Kriterien

- Integration in bestehende und geplante data-driven Initiativen (KI-Plattform, Data Warehouse, Data Platform).
- Make-or-Buy-Logik: Commodity-Technologien (z. B. Standard-LLMs, Speech-Lösungen) gezielt einkaufen, domänenspezifisches Know-how und proprietäre Prozesslogik intern aufbauen.
- Automatisierungspotenzial: Identifizierte Muster und wiederkehrende Analysen konsequent in automatisierte Prozesse überführen, um die Organisation nachhaltig zu entlasten und Betriebskosten zu senken.

Insbesondere vor dem Hintergrund laufender Investitionen in Datenplattformen und Analytics-Architekturen sollte geprüft werden, wie gut sich eine Lösung in die bestehende und zukünftige Systemlandschaft einfügt. Standardisierte Komponenten lassen sich häufig effizient einkaufen, während fachlich differenzierende Logiken intern weiterzuentwickeln sind.

10.8 Kernbotschaften, typische Fehler und Mini-Checkliste

10.8.1 Kernbotschaften

- Digitalisierung und KI sind kein Selbstzweck. Sie entfalten ihren Nutzen erst auf einem Fundament aus stabilen Prozessen, sauberen Daten und klarer Governance.
- Die vier Reifegradstufen geben eine klare Richtung vor: Erst digitalisieren, dann Daten und KPIs konsolidieren, anschließend analysieren, dann KI gezielt einsetzen.
- KI bleibt Assistenzsystem. Verantwortung für rechtliche Konformität, ethische Bewertung und Steuerung verbleibt beim Menschen.
- Wer KPI-Systeme intelligent mit digitalen Werkzeugen verknüpft, erhält ein Frühwarnsystem, ein Compliance-Radar und ein operatives Steuerungsinstrument zugleich.

10.8.2 Praktische Umsetzung

1. Reifegrad bestimmen: Auf welcher der vier Stufen steht die eigene Organisation aktuell – und wo ist die nächste sinnvolle Stufe?
2. Datengrundlage prüfen: Sind Stammdaten konsistent, Schnittstellen stabil, KPI-Definitionen dokumentiert?
3. Use Cases priorisieren: Welche Anwendungsfälle (Tarifierung, Screening, Predictive Compliance, Dokumentenanalyse) bringen den höchsten Nutzen bei vertretbarem Risiko?
4. Governance klären: Owner, Eskalationspfade, Audit-Trail und Erklärbarkeit pro KI-Komponente festlegen.
5. Make-or-Buy-Entscheidung treffen: Standardtechnologie einkaufen, fachliche Differenzierung intern aufbauen.
6. Pilotieren, messen, skalieren: Mit klar definierten KPIs starten, Wirkung belegen, dann ausrollen.

10.8.3 Typische Fehler

- KI-Projekte ohne saubere Daten- und Prozessgrundlage starten („KI als Reparatur statt als Verstärker").
- Stufen überspringen: direkter Sprung von Stufe 1 in Stufe 4 ohne belastbares KPI-System.
- Erklärbarkeit erst nachträglich adressieren – statt sie als Auswahl- und Designkriterium von Anfang an zu verankern.
- Verantwortung an das System delegieren, statt sie organisatorisch zu verankern.
- Echtzeit-Verarbeitung als Default für Compliance-Reporting setzen, obwohl ereignis- oder periodenbasierte Verfahren ausreichen.

Mini-Checkliste – Bin ich für die nächste Reifegradstufe bereit?

- Sind die digitalen Kernsysteme (ATLAS, ERP/GTS, Screening, LMS, BI) konsequent im Einsatz?
- Existiert ein dokumentiertes KPI-System mit Owner, Frequenz, Schwellen und Eskalation?
- Sind Datenqualitätskontrollen etabliert und Verantwortlichkeiten klar?
- Gibt es eine Governance für KI-Anwendungen (Erklärbarkeit, Audit-Logs, Rollen, Eskalation)?
- Sind DSGVO und EU AI Act für die geplante Anwendung bewertet und dokumentiert?
- Ist Change Management eingeplant – inkl. Schulungen, Akzeptanzmessung, Eskalationsrouten?

Wer diese Prinzipien ernst nimmt und die Potenziale klug nutzt, wird im Wettbewerb bestehen – und gegenüber Behörden und Stakeholdern jederzeit auskunftsfähig bleiben.

Literatur

Dehghani Z (2022) Data Mesh: Delivering Data-Driven Value at Scale. O'Reilly Media, Sebastopol. ISBN 978-1-4920-9239-1.

Iansiti M, Lakhani KR (2020) Competing in the Age of AI: Strategy and Leadership When Algorithms and Networks Run the World. Harvard Business Review Press, Boston. ISBN 978-1-63369-762-1.

Provost F, Fawcett T (2013) Data Science and its Relationship to Big Data and Data-Driven Decision Making. Big Data 1(1):51-59.

Rashedi J (2022) Das datengetriebene Unternehmen: Erfolgreiche Implementierung einer data-driven Organization. Springer Fachmedien, Wiesbaden. ISBN 978-3-65836-423-6.

Verordnung (EU) 2024/1689 des Europäischen Parlaments und des Rates vom 13. Juni 2024 zur Festlegung harmonisierter Vorschriften für künstliche Intelligenz (KI-Verordnung). ABl. L 1689 vom 12.7.2024.

11 Ausblick und Handlungsempfehlungen

Dieses Kapitel bündelt die zentralen Entwicklungslinien für Zoll- und Exportkontrolle. Es zeigt, wie geopolitische Dynamik, Regulierung, Digitalisierung, Datenqualität und Managementerwartungen die Rolle der Funktion verändern. Die Handlungsempfehlungen richten den Blick auf Prioritäten für robuste KPI-Systeme, wirksame Governance und schrittweise Umsetzung. Das Kapitel schließt damit den Bogen von der fachlichen Grundlage über das KPI-Framework bis zur strategischen Weiterentwicklung.

Die Anforderungen an die Zoll- und Exportkontrolle befinden sich in einem fundamentalen Wandel. Geopolitische Spannungen, sich ständig verändernde Sanktionsregime, die wachsende Bedeutung von Nachhaltigkeitsanforderungen und Digitalisierung sowie ein zunehmender Druck durch Auditierungen und Berichterstattungspflichten machen deutlich: Unternehmen müssen ihre zoll- und exportkontrollbezogenen Prozesse künftig nicht nur regelkonform, sondern auch datengestützt, strategisch und digital transformiert steuern.

Ein belastbares Kennzahlensystem (KPI-System) ist dabei weit mehr als ein operatives Werkzeug zur Effizienzsteigerung. Es ist ein zentrales Steuerungsinstrument zur frühzeitigen Risikoerkennung, zur Kommunikation mit internen und externen Stakeholdern sowie zur nachhaltigen Positionierung der Exportkontrolle als strategisch relevanter Funktionsbereich im Unternehmen.

11.1 Perspektiven für die Zukunft

Kennzahlen als Compliance-Kompass

In einer zunehmend regulatorischen Umgebung mit verschärften Exportkontrollvorgaben, komplexen Dual-Use-Bestimmungen und extraterritorialen US-Regeln werden KPIs zur

L. S. Gempp, M. Lisica, *Zoll- und Exportkontrolle wirksam steuern*,
https://doi.org/10.1007/978-3-658-52567-5_11

rechtssicheren Steuerung unerlässlich. Unternehmen, die ihre Prozesse mit messbaren Zielwerten hinterlegen, agieren nicht nur effizienter – sie dokumentieren auch aktive Steuerung und internes Kontrollbewusstsein, was bei Auditierungen oder im Krisenfall von entscheidender Bedeutung sein kann.

Datenbasierte Entscheidungen im Top-Management
Ein professionelles KPI-System erlaubt es, zoll- und exportrelevante Aspekte in Managemententscheidungen einzubinden. So lassen sich etwa Verzögerungen durch lange Genehmigungsprozesse, hohe Fehlerquoten bei Zollanmeldungen oder nicht genutzte Präferenzen mit Zahlen belegen und strategisch adressieren. Zoll- und Exportverantwortliche werden damit zu Business-Partnern, nicht zu Bittstellern.

Der Aufbau eines KPI-Systems ist zugleich ein wichtiger Schritt auf dem Weg zu einer datenbasierten Organisation. Mit wachsender Datenreife eröffnen sich zusätzliche Möglichkeiten – von tieferen Analysen bis hin zu automatisierten Frühwarnsystemen.

► KPIs verbessern Data Maturity – Data Maturity verbessert die Zukunft der Organisation.

Digitalisierung als Standard, KI als nächste Stufe
Die nächsten Jahre werden geprägt sein durch die konsequente Digitalisierung zoll- und exportrelevanter Prozesse. Aufbauend darauf gewinnen analytische Verfahren und KI-gestützte Assistenzsysteme zunehmend an Bedeutung – etwa zur Mustererkennung, Anomalieanalyse, Unterstützung bei komplexen Prüfprozessen bis hin zu intelligenten Dashboards. Nach dem politischen Einigungsstand vom 26. März 2026 sieht die EU-Zollreform zusätzlich einen EU Customs Data Hub und eine EU-Zollbehörde vor; finaler Rechtsakt, Amtsblattveröffentlichung und Anwendungstermine sind vor Drucklegung zu prüfen.

11.2 Handlungsempfehlungen für Unternehmen

Auf Basis der in diesem Buch dargestellten Inhalte lassen sich folgende Schritte für die Implementierung eines erfolgreichen Kennzahlensystems in Zoll- und Exportkontrolle ableiten.

Für die ersten 90 Tage empfiehlt sich ein pragmatisches Vorgehen: erstens die vorhandenen Zoll- und Exportkontroll-KPIs inventarisieren, zweitens je KPI Owner, Datenquelle und Audit-Evidenz dokumentieren und drittens für die Top-Risiken eine Eskalations- und Maßnahmenlogik festlegen:

1. Strategische Zielsetzung definieren
   – Welche Risiken sollen gemanagt, welche Effizienzen gehoben, welche Informationsbedarfe gedeckt werden?

   - KPIs müssen aus den Zielen des Compliance-Managements und der Unternehmensstrategie abgeleitet werden.
2. Perspektiven festlegen
   - Eine strukturierte Scorecard (z. B. entlang der hier vorgeschlagenen fünf Perspektiven) sorgt für ganzheitliche Betrachtung.
   - Festlegen, ob der Schwerpunkt auf Risiko, Effizienz, Zusammenarbeit mit Behörden, Schulungsmaßnahmen oder einer Kombination dieser Ziele liegt.
3. Kennzahlen priorisieren
   - Mit 8-12 KPIs starten, die regelmäßig ausgewertet werden können. Qualität vor Quantität.
   - Wichtig: Jede KPI muss steuerbar, kommunizierbar und nachvollziehbar sein.
4. Datenzugänge klären
   - Woher stammen die Daten (ERP, ATLAS, LMS, DMS)? Sind sie automatisiert verfügbar?
   - Wer trägt die Verantwortung für die Datenpflege und Auswertung?
5. Visualisierung & Kommunikation
   - Entwickle einfache, managementtaugliche Dashboards – idealerweise differenziert nach Zielgruppen.
   - KPIs müssen regelmäßig kommuniziert und erklärt werden, um Akzeptanz zu schaffen.
6. Digitalisierung konsequent nutzen
   - Nutze die Integration in bestehende Systeme wie SAP GTS, Screening-Tools oder BI-Systeme.
   - Plane mittelfristig den Einsatz von KI-Komponenten zur Erkennung von Anomalien und Verbesserungspotenzialen.
7. Frühzeitig Stakeholder einbinden
   - Binde Einkauf, Vertrieb, Legal, Finance und SCM in die Entwicklung ein – viele Kennzahlen haben Schnittstellenwirkung.
   - Schaffe ein Verständnis dafür, dass Zoll- und Exportkennzahlen nicht nur „Spezial-Controlling", sondern Teil des unternehmerischen Erfolgs sind.

11.3 Erfolgsfaktoren für nachhaltiges KPI-Management

Ein Kennzahlensystem ist kein einmaliges Projekt, sondern ein lernender Organismus. Unternehmen sollten folgende Grundsätze verinnerlichen:

- Regelmäßigkeit schlägt Perfektion: Besser ein verlässliches Monatsreporting mit 10 KPIs als eine einmalige Mega-Analyse mit 50 Indikatoren.
- Verantwortung verankern: Jede KPI braucht einen Verantwortlichen mit klarem Auftrag zur Überwachung und Reaktion.

- Transparenz leben: Nur wer die Daten erklärt und zugänglich macht, kann daraus Vertrauen und Akzeptanz schaffen.
- Kontinuierliche Weiterentwicklung: Kennzahlen müssen regelmäßig überprüft, angepasst oder durch neue ersetzt werden.

Zoll- und Exportkontrolle sollte mit Weitblick erfolgen: Ein modernes KPI-System im Bereich Zoll- und Exportkontrolle ist mehr als ein Steuerungsinstrument. Es ist Ausdruck eines professionellen Risikomanagements, einer lernenden Organisation und einer funktionierenden Compliance-Kultur. Dieses Buch bietet dafür den methodischen und praktischen Werkzeugkasten. Nun liegt es an den Verantwortlichen in Unternehmen, diesen Werkzeugkasten zu nutzen, weiterzuentwickeln und in den eigenen Kontext zu überführen. Denn wer messen kann, kann steuern. Und wer steuert, übernimmt Verantwortung – für Rechtssicherheit, Effizienz und internationale Wettbewerbsfähigkeit.

Literatur

Kaplan RS, Norton DP (2024) Balanced Scorecard. Strategien erfolgreich umsetzen. 1. Aufl., Schäffer-Poeschel, Stuttgart. ISBN 978-3-7910-6169-6.

Cole Nussbaumer Knaflic (2015) Storytelling with Data, Wiley, Hoboken. ISBN 978-3-8006-5374-4.

Dehghani Z (2022) Data Mesh: Delivering Data-Driven Value at Scale. O'Reilly Media, Sebastopol. ISBN 978-1-4920-9239-1.

Rashedi J (2022) Das datengetriebene Unternehmen: Erfolgreiche Implementierung einer data-driven Organization. Springer Fachmedien, Wiesbaden. ISBN 978-3-65836-423-6.

FSC
www.fsc.org
MIX
Papier | Fördert
gute Waldnutzung
FSC® C083411

Kolibri 360 GmbH
Ferdinand-Jühlke-Straße 7
99095 Erfurt, Deutschland
produktsicherheit@kolibri360.de